浅 唱 低 吟

——一个诗词耕耘者的田园

王文明　著

中国财经出版传媒集团

经济科学出版社

Economic Science Press

图书在版编目（CIP）数据

浅唱低吟：一个诗词耕耘者的田园/王文明著 . ––
北京：经济科学出版社，2023.7
ISBN 978 – 7 – 5218 – 4863 – 2

Ⅰ . ①浅…　Ⅱ . ①王…　Ⅲ . ①诗集 – 中国 – 当代
Ⅳ . ①I227

中国国家版本馆 CIP 数据核字（2023）第 129531 号

责任编辑：赵泽蓬
责任校对：李　建
责任印制：邱　天

浅 唱 低 吟
——一个诗词耕耘者的田园

王文明　著

经济科学出版社出版、发行　新华书店经销
社址：北京市海淀区阜成路甲 28 号　邮编：100142
总编部电话：010 – 88191217　发行部电话：010 – 88191522
网址：www. esp. com. cn
电子邮箱：esp@ esp. com. cn
天猫网店：经济科学出版社旗舰店
网址：http：//jjkxcbs. tmall. com
固安华明印业有限公司印装
787 × 1092　16 开　18 印张　300000 字
2023 年 8 月第 1 版　2023 年 8 月第 1 次印刷
ISBN 978 – 7 – 5218 – 4863 – 2　定价：66.00 元

写我之意

表我之思

抒我之情

着我之色

人生感悟点滴：

一切都是生活，苦乐皆是人生。

"芭蕉叶上苦愁雨，只是听时人断肠？"

"夕阳芳草寻常物，解用都是绝妙词。"

生活始终朝着未来，而悟性则经常回看过去。

内 容 概 要

　　本书的写作有感于四十年的教育生涯和新时期的社会生活，有感于汉语言文学专业的写作教学实践。作者以浅唱低吟的笔调，从夏露秋叶的视角，反映自然景观、地域风貌、社会环境、人情世态。集腋成裘，先后编撰词作112首，古体诗182首，自由诗133首。三类作品或借景抒情，或借物抒情，或寓情于事，或寓情于理，以记带评，情理相融。

序 言

诚挚祝贺王文明老师的诗集《浅唱低吟》正式出版。该书中收录了作者几十年来的原创词作 112 首、古体诗 182 首、自由诗 133 首。400 多首诗词真实地反映了他对人、对物、对事、对景的观察、思考、认知和感慨，反映了一个"有心人"的视角和态度。写实、入微、丰富、抒情、探理，是他诗词作品的显著特色。

王老师的诗词中有许多回忆性、游记性的作品，以描述的语言抒发多方面的丰富情感，反映着他对生活的热爱和理解。

写人寓情。王老师的笔端主要流泻着对亲情和友情的体味、赞颂。《母亲逝世十周年祭》和《铡刀·铧犁·茶罐·笔砚》，是他对父母亲最深情的纪念，充满了永远的感恩之情；而《鞋垫》则为那些丧偶的、千辛万苦养育子女的劳动妇女唱了一曲悲悯的颂歌。千针万线里寄托着一个母亲、一个姐姐千思万缕的爱心。姐姐，那一辆艰难行走了三十多年的"独轮车"，令作者极为同情和敬佩。

在友情描写中，朋友情、师生情、同学情屡屡流溢而出，写患难之交、忘年之交、知己之交，赞美、怀念、珍惜之意浓烈交融。内容丰富多采，感情真挚细腻。《健之美》

等展现着健康、真诚、友善的人际关系，《将进酒》《我辈岂能再等闲》等，从对同学情、师生情的怀念和赞颂中揭示人生感悟和聚会的激励意义，礼赞"青出于蓝而胜于蓝"的教育成果，致敬和谐共生的社会环境。

崇尚古人名人。本诗集中还有一些写古人、名人的篇什，反映着王老师的阅读情趣和历史感悟，显示出阅读与写作相辅相成的关系。如《一丛花令·读唐太宗与魏征》《读苏轼》《读元稹白居易友情诗感怀》《扬州慢·参观林锡纯书法展》等。尽管不能关注所有的历史名人和当今名家，但读后感就体现着王老师对历史的点滴理解。

写物示性。《玫瑰饼》《鞭炮》《粽子》等是咏物佳篇。王老师独具慧眼，察人之未察者，探人之无思者，显示物之美、物之理、物之性。特别是先后两篇《领带》，既展示了一种服饰文化特色，又暗示了事物的历史演变规律。《把赞颂赠予梨树》一反常态地放弃了对梨花的赞美，而是抓住了事物的本质，描写梨树、透视梨树、评价梨树、褒扬梨树到生命的最后还要燃烧自己，为人类作出无私奉献的可贵品质。

写事明理。王老师对事的描写更为广泛，游记类和怀念故乡类的作品频频引起读者的兴趣并产生情感共鸣。如《六州歌头·登八达岭》《水调歌头·张家界览胜》《东风第一枝·少林寺》《玉皇阁赋》等。他的足迹所到之处，都有其所见所闻，所思所感。他从旅行中体验，从观赏中明理。

生活类的作品，也是着眼于平凡而又难忘的往事，警示自己，告诫晚辈不要忘记苦难，不要忘记故土。如《刻骨铭心苦苦菜》《故人来访忆叙当年辛酸》等，就如作者所写的《根》，表明经历艰难困苦是人生的必然，"根"是成长的基点。

斗胆谈论作品，借此略提作者。初识王老师，君临知天命；一手毛笔字，吸引万千人（当时的公告、通知、考试安排等，都是借助他的毛笔书写后张贴公布于众的）。字如其人。他的书法如他容貌英俊潇洒；如他的形体苍劲挺拔；如他的姿态昂扬向前，如钟、如松、如风。本书名、扉页文字，都是王老师硬笔书法之一斑，彰显其书法基础非一日之功。

王老师既是我的同事，又是我的朋友；既是我的兄长，又是我的老师。良师益友，琴瑟相和。他不仅是性情中人，也是孜孜不倦、努力拼搏之人。长期交往和深入交流，我被他的忠诚实在所感动，被他的慈善和蔼所感染，被他的敬业精神所感化，被他的好学进取所感召。跟着他，我们不仅可以一起《浅唱低吟》，而且还可以高歌奋进！

青海师范大学　王大钊

2022 年 9 月 10 日

自序（一）

　　四十余年杏坛执教，半生蜗居校园，历简行浅，孤陋寡闻。换中学、中师、高师之教鞭，度春兴、夏忙、秋迫之时光。朝夕指染墨迹粉尘，始终笔带泥土气息。少年时乐于瓜果蔬菜之种植，从师后益好桃李杏梨之栽培。花木百种，唯丁香为最爱；交朋处友，视朴实为至信。丁香，枝叶繁荣，花蕊复叠，姿色朴素而芳香馥郁，形容紧密而耐人赏察。凡事情有独钟，意有所蓄，常思以笔为锄，植一角绿草蔽茇，终因性卑志庸，荒无数晨昏韶光。闲暇时零零星星，记些许琐碎见闻；兴来处点点滴滴，抒几句肤浅感受。梳理集札，权当作一束迟开的丁香；近嗅远抛，任由其诸多睿智的读者。虽谓诗词，实乃诗苑学步；若论意境，不堪咀嚼寻味。但凡涉足文学者，无不拙笔尝试之。难求意蕴深远，先重真情实感。敝帚自珍，草履可跋。毕竟萌之自心，采之自手；虽必贻笑大方，旨在获教励己。

2005 年 9 月 10 日

自序（二）

简单生活，并不意味着无所追求；自我修养，必然离不开书卷阅读。文化素养的土壤有厚有薄，精神气质的花香亦有浓有淡。柴米油盐酱醋茶，不可或缺；琴棋书画诗酒花，可求高雅（酒当别论）。就语言文学艺术而言，自知不能厚积薄发，下笔成章，却愿有感而发，点滴表述；即使不能在诗苑培育奇卉异葩，也愿种植一些弱兰雏菊。志趣皆可发挥，情感何须封存。

当今世界无论自然环境、物质社会，还是文化天地、科技领域，以及休闲群体，都是处处新景，气象万千，人才辈出，百花竞艳，我辈尽管夕阳晚霞，还当充实自己，提升自己，与时俱进，顺势而行。面对多姿多彩的新时期生活，乐在欣赏，贵在感知，重在思考，功在实践。歌以抒怀，诗以言志。

此生已在暮色中，乱云飞渡可从容，身在喧嚣中，我自少焦躁。在日日难免的凡俗忙碌之后，若能于孤独中阅读，于孤独中回忆，于孤独中思考，于孤独中随笔，当是真正的深度享受。

尝一颗樱桃的甜，探一首短诗的意，何尝不是一种品味？但愿我的浅诗拙词，能如一片从读者眼前飘过的云，能如一缕从读者身边拂过的风，轻无声，去无踪，只留一丝快意、一丝温馨。

2021 年 6 月 26 日

第一辑　词（112首）　　　/ 1

江城子·叹高加林　/ 3

钗头凤·为应科之赠诗作酬答　/ 3

汉宫春·海北初行　/ 3

扬州慢·忆记一九八四年元旦　/ 4

蝶恋花·寒假遥寄闵浩　/ 4

钗头凤·龙年元旦抒怀　/ 4

雨霖铃·悼文华兄　/ 5

念奴娇·暑假贵德行　/ 5

钗头凤·赞西宁体育馆音乐会　/ 5

桂枝香·七一抒怀　/ 6

六州歌头·登八达岭　/ 6

水调歌头·游孟达天池　/ 7

酹江月·迁居新楼感怀　/ 7

渔家傲·叹惋路遥　/ 7

一丛花令·读唐太宗与魏徵　／　8

望海潮·格尔木八月之行　／　8

青玉案·看出嫁　／　8

蝶恋花·华清池　／　9

桂枝香·毛主席纪念堂　／　9

满庭芳·宁夏甘草　／　9

念奴娇·冬日漫游清华园　／　10

踏莎行·城北海棠园一日　／　10

凤栖梧·游青城山遇雨　／　10

蝶恋花·游九寨沟（一）　／　11

江城子·游九寨沟（二）　／　11

渔家傲·循化辣子　／　11

风入松·鞋之情　／　12

苏武慢·读苏轼　／　12

水调歌头·游李家峡及坎布拉　／　12

满江红·中国女排奥运雄风　／　13

桂枝香·中秋感怀　／　13

天仙子·重读石葵《西海雪鸿集》感佩　／　13

剑器近·奇人约翰·库缇斯　／　14

渡江云·赞启功　／　14

水调歌头·张家界览胜　／　14

天仙子·桂林雨夜观楼瀑　／　15

卜算子·象鼻山下　／　15

喜迁莺·鹰和蛇　／　15

西江月·湖南广西旅行归感　／　16

望海潮·忆长征串联　／　16

念奴娇·为印度洋海啸之难而记　／　17

一剪梅·花圈 / 17

凤箫吟·观湟中通海社火 / 18

天仙子·张家界之游 / 18

千秋岁·冬行苏州 / 19

小重山·回贵德故居 / 19

唐多令·端午节再登西山 / 19

谒金门·"百花园"师生笑忆劳动事 / 20

水调歌头·送女儿怡潇入川大读研 / 20

水龙吟·泰国旅游 / 20

踏莎行·安徽宏村景观 / 21

江城子·与宋健同游黄山 / 21

青玉案·拉脊山隧道 / 22

踏莎行·再登上海广播电视塔 / 22

解连环·电视纪录片《美丽西江》拾萃 / 22

临江仙·地震 / 23

清平乐·深冬客厅春景 / 23

踏莎行·宋健长途访西宁 / 23

木兰花·西安旅游友朋相聚 / 24

八声甘州·随韦运韬门源祁连行 / 24

望海潮·记贵德老宅旧居新貌 / 24

清平乐·观环湖自行车赛 / 25

贺新郎·老同学何振基等应邀赴贵德一游 / 25

石州慢·仲秋重访阿什贡东主才让家 / 25

渡江云·读当代人物传记《褚时健》 / 26

观海潮·瞻仰三亚南海观音菩萨巨塑 / 26

南浦·石抱树吟 / 27

东风第一枝·三亚度除夕 / 27

烛影摇红·蜈支洲岛卖艺人 / 27

琐寒窗·三亚槟榔谷别景 / 28

临江仙·登四川金堂云顶山 / 28

蝶恋花·与马有成、沈凤英夫妇金堂相逢 / 28

临江仙·记四川雅安上里古镇 / 29

朝中措·与李发兴、郭进忠等友人都江堰小聚 / 29

思远人·诗祭堂兄文英 / 29

卜算子·都江堰忆青城山之游 / 30

鹧鸪天·致侄子怡然 / 30

临江仙·"半岛"独居随笔 / 30

定风波·读《人生三修》 / 31

渔家傲·自嘲 / 31

天香·三亚西岛观海 / 31

东风第一枝·再赏影片《骆驼祥子》有感 / 32

临江仙·交友钟传兵 / 32

扬州慢·参观林锡纯书法展 / 32

少年游·婺源井丝坊历事 / 33

临江仙·庐山、三清山又叹 / 33

沁园春·元旦致教院八四届中文同学 / 33

水调歌头·新春再致教院八四届中文同学 / 34

齐天乐·贵德黄河北岸倚河园新景 / 34

杏花天影·忘年之交 / 34

小重山·再忆江西旅游 / 35

鹧鸪天·看电视剧《麦香》有感 / 35

月下笛·读清代沈复《浮生六记》 / 35

宴山亭·赴北京同仁医院就医 / 36

夜合花·二零二零年元旦登西宁南山公园 / 36

渔家傲·“新冠”蔓延春光依旧 / 36

桂枝香·七月感怀 / 37

东风第一枝·与朋友汤军金堂相逢 / 37

渔家傲·重温辛弃疾词 / 37

江城子·初游成都广汉雒城公园 / 38

雨霖铃·应中和同学 / 38

千秋岁·重游贵德地质公园诗赠喇海青君 / 38

天香·再读陶渊明 / 39

高阳台·观电视连续剧《红高粱》有感 / 39

八声甘州·与外甥志强夫妇游四川新都漫花庄园 / 39

摸鱼儿·化蝶 / 40

过秦楼·歌咏 / 40

千秋岁·诗酒陆游 / 41

小重山·趵突泉 / 41

踏莎行·泉城重逢 / 41

唐多令·千佛山 / 42

满庭芳·七十年代贵德中学执教琐忆 / 42

第二辑　古体诗（163 首）　　　/ 43

惊闻一少女自绝有感 / 45

早春校门漫步抒情 / 45

晚晴 / 45

教院起航篷帆新 / 46

玉皇阁赋 / 46

咏竹 / 47

吉卜赛人三桶水 / 48

游北京大观园　/　48

"潇洒"之歌　/　48

丑女颂　/　49

感文人书斋联趣　/　49

书为友　/　50

谁人曾识黛玉面　/　50

老年舞会　/　50

海西涩北天然气基地之行　/　51

读陶潜　/　51

上坟　/　51

咏迎春花　/　52

春游三首　/　52

杂感　/　53

记峨嵋山万年寺异景　/　53

读李白　/　54

八月游乐山　/　54

重游鹬子沟　/　55

赞学兄司培英夫妇　/　55

母亲逝世十周年祭　/　55

寄兴乒乓球　/　56

高原梨乡春来早　/　56

郁金香节游文化公园　/　57

五月二日赴贵德雪途遇阻　/　57

感牡丹雪后复艳　/　57

读王维山水诗感　/　58

马场垣人家　/　58

第二十个教师节偶感　/　58

览画册忆游长廊十年前 ／ 59

登岳阳楼感怀 ／ 59

游湖南洪江市芙蓉楼 ／ 60

口味槟榔 ／ 60

漓江游 ／ 60

海啸奇迹偶记 ／ 61

藏獒 ／ 61

遥望 ／ 61

读《读者·人生大器》偶感 ／ 62

雪花 ／ 62

罗汉床 ／ 62

惜泉 ／ 63

甘愿沉默人 ／ 63

读《读者》又感 ／ 64

秋游新疆喀纳斯 ／ 64

西藏林芝行 ／ 65

记第十六届亚运会女排决赛 ／ 65

互助风情园拾趣 ／ 65

夏游微山湖 ／ 66

读《孔子传》感事 ／ 66

澳门"龙腾" ／ 66

父亲节 ／ 67

教院同窗三十年聚会有感 ／ 67

"伊尔顿"与中师学生相聚 ／ 67

读星云大师《禅语》 ／ 68

自责 ／ 68

暮秋家园偶记 ／ 68

读汪曾祺散文集 / 69

"漂流"而后"入湖" / 69

校园景观——大学生们 / 69

银川纪行 / 70

沙湖游 / 70

无题 / 70

八月十五游北京八大处公园 / 71

野生动物园赏菊 / 71

《启功书法集》赏读 / 72

土豆颂 / 72

电视剧《历史永远铭记》印象 / 72

早市 / 73

游普陀山夜宿农家院 / 73

长寿 / 73

银川西部影城休息厅偶感 / 74

叹落叶而忆少年事 / 74

"逸园"之会 / 75

故人来访忆叙当年辛酸 / 75

欣赏电视节目《挑战不可能》 / 75

无锡水浒城、三国城一日游 / 76

玫瑰饼 / 76

救菊 / 77

哑铃 / 77

走路 / 77

苑恒瑞写真 / 78

藏族大学生吴见旦增 / 78

读周国平 / 78

与恒瑞黄河岸漫行 ／ 79

观上海世博园 ／ 79

秋夜吟 ／ 79

农历十月初一有感 ／ 80

重温韩愈《进学解》 ／ 80

应张佩华姐弟之邀赴家馨酒店聚会 ／ 80

夜之韵 ／ 81

秋末农家即景 ／ 81

悼念鲁长征 ／ 81

葡萄吟 ／ 82

游北京民族风情园 ／ 82

二〇一六年元旦有感 ／ 82

读《寸草集》感怀 ／ 83

华清宫观舞剧"长恨歌" ／ 83

贵中七五届初中学生之聚 ／ 83

记城南新区藏毯展销 ／ 84

人与狗 ／ 84

洛阳牡丹咏四首 ／ 84

广州旅游纪略 ／ 85

贵德端午节即景 ／ 85

故园小记 ／ 86

龙虎园奇景二首 ／ 86

恒大运动中心初识陈贤勇 ／ 87

文化公园龙升阁宴迎学友周丕东 ／ 87

关注 2018 年世界女排锦标赛 ／ 87

体验运动中心健身房 ／ 88

御景半岛散步即景 ／ 88

看电视纪录片《青海湖湟鱼》 / 88

无题 / 89

叹毗河垂钓者 / 89

蝴蝶兰 / 89

思古悠情 / 90

金堂五凤溪古镇一日游 / 90

看电视纪录片《苏门答腊虎》 / 90

初冬偶感二首 / 91

四川西昌螺髻山之游二首 / 91

川南攀枝花二滩公园印象 / 92

川南雅安彝海之游 / 92

偕友四川西南自驾游 / 92

老来喜与少年游 / 93

重温余华《活着》有感 / 93

江西婺源行 / 93

登三清山 / 94

与友游览景德镇瓷器展馆 / 94

兴游井冈山 / 94

清明节登黄洋界 / 95

庐山即景 / 95

参观庐山美庐别墅 / 95

异地他乡梦宋健二首 / 96

御景半岛园区树景 / 96

与友人陈贤勇匆聚 / 96

读元稹白居易友情诗感怀 / 97

贵德梨花节 / 97

赏微型盆景 / 97

御景别院　／ 98

我辈岂能再等闲三首　／ 98

惋悼董家平先生　／ 99

看电视音乐节目《黄河大合唱》　／ 99

兴游四川黄龙溪古镇　／ 100

赏贵德浮桥旧照有感　／ 100

回味　／ 100

恒大健身房卿太文写真　／ 101

静脉曲张手术铭记　／ 101

2020 年中秋国庆致中师师生群　／ 101

将进酒　／ 102

国庆感怀　／ 102

听郭兰英唱《绣金匾》　／ 103

看法国电影《最后一课》　／ 103

独舞者　／ 103

大明湖　／ 104

读冬子《借山而居》　／ 104

重温滕晓天《青海花儿话青海》　／ 104

读季羡林《孤独到深处·清塘荷韵》　／ 105

粽子　／ 105

端午香包果园歌声　／ 105

第三辑　自由诗（135 首）　　　／ 107

观电视剧《华佗的传说》　／ 109

春望　／ 109

弹响生活的马头琴　／ 110

心之歌 ／ 112

父与子 ／ 114

清静与寂寞 ／ 115

咏月 ／ 117

丁香絮语 ／ 118

囚禁 ／ 119

拭亮你自己的太阳 ／ 119

我的心你的心 ／ 120

苍白 ／ 121

固执 ／ 122

不是 ／ 123

光阴与道路 ／ 124

柴火与火柴 ／ 124

挂历 ／ 125

门源油菜花 ／ 125

声留耳畔画入心间 ／ 126

秋天里的春天 ／ 127

择路 ／ 128

送葬 ／ 129

幻想先行 ／ 130

影集 ／ 130

领带 ／ 131

走进深处 ／ 132

冬虫草 ／ 132

眼神如蚕 ／ 133

噩梦 ／ 134

文竹与枫叶吊兰 ／ 135

辫子 / 136

一千和一 / 138

生日 / 138

沙枣花吟 / 139

啊，黑发！ / 141

牦牛头骨 / 142

鸣沙山跋涉 / 143

远望 / 144

欣赏 / 145

月夜 / 146

走出习惯 / 146

夜 / 147

塑造 / 148

请不要…… / 149

相濡以沫 / 150

难道 / 151

桃李笑春风 / 152

刻骨铭心苦苦菜 / 154

黄河石 / 155

麻雀和童年 / 157

安塞腰鼓 / 157

无题 / 158

"犁者"已去，荷香依然 / 159

距离 / 160

珍藏 / 161

掌声 / 161

智慧 / 163

石坡泉水 / 163

追求的诗意 / 165

纸上庄稼灯下烟 / 165

井在何处 / 166

木锨上的风 / 167

南瓜 / 167

镰刀之歌 / 168

黄龙滑竿 / 169

酣睡中的注视 / 170

圆满 / 171

窗帘 / 172

落地灯 / 172

儿时的冬夜 / 174

春联如梅 / 175

红盖头 / 176

也说孤独 / 177

致意高原铺路工 / 179

根 / 182

鸽子 / 183

腰的遐想 / 185

瞬间的破碎 / 186

西山卧牛 / 188

狼与野牛 / 189

"野"的诱惑 / 190

笑如流泉 / 191

搓麻将 / 193

特别留念 / 195

铡刀、铧型、茶罐、笔砚 ／ 196

金银滩依旧，卓玛依旧？ ／ 198

凝聚·爆发 ／ 200

拥抱 ／ 201

都市洪流 ／ 203

青稞酒滋润"花儿"红 ／ 204

放开喉咙歌唱一天 ／ 205

谁愿意 ／ 206

秋叶彩蝶 ／ 207

兰州花溪村晚餐 ／ 209

橘颂 ／ 210

榕树公园一景 ／ 211

火车上 ／ 211

黄龙洞之游 ／ 213

鞋垫 ／ 215

冬至 ／ 217

2005 年新年音乐会 ／ 218

呼吸元旦的清新 ／ 220

茶与开水 ／ 220

金色的非洲 ／ 221

门锁门开 ／ 222

鞭炮 ／ 223

城市乌鸦 ／ 224

拉脊山秋韵 ／ 225

皱纹 ／ 226

柏拉图的故事 ／ 227

希望、失望和绝望 ／ 228

白酒，红酒　/　229

红枸杞　/　230

泪水　/　231

倾听心声　/　232

郁金香　/　233

保龄球　/　234

检点光阴　/　235

枕头　/　237

农家"破布衫"　/　238

久违了　/　239

梦想与绝望　/　240

对人如对镜　/　241

奶茶　/　242

筷子与刀叉　/　243

得与失　/　243

握手　/　245

愁绪　/　246

火盆　/　246

耳朵　/　248

菜刀　/　249

酒壶与酒杯　/　249

把赞颂赠予梨树　/　250

最美是肩　/　251

领带　/　252

第一辑　词（112首）

江 城 子

叹高加林

纵有心志根为农，图未展，身被轻。强人换柱，满腔积愤懑。不甘人手作羔羊，誓抗争，进市城！

取径后门登青云，恋亚萍，抛巧珍。头角初露，便作腾达梦。风云突变奢望灭，怨黄土，断前程。

1983 年 11 月 9 日

钗 头 凤

为应科之赠诗作酬答

朝屈指，晚翘首，约定元宵晤君面。晨煮茶，暮烫酒，净扫庭院，频添炉炭。盼！盼！盼！

门环响，笑脸探，百里风尘不辞寒。乏未解，酒方酣，一日即别，未报情缘。憾！憾！憾！

1984 年 2 月 8 日

汉 宫 春

海北初行

穿峡湟源，满目白桦林，一路水远。七月遍地庄稼，绿浪层展。九曲大坂，山相抱，路入云端。忽转弯，豁然开朗，无际黄花耀眼。

遥望油菜千顷，沃土尽"油田"，谁织锦缎？祁连雪峰环护，门河清浅。指看照壁，坐草甸，松青峦圆。车过处，蝶飞蜂舞，箱里蜂蜜正甜。

1984 年 7 月 16 日

扬　州　慢

忆记一九八四年元旦

岁岁元旦，周而复至，今夕学院联欢。同窗龄参差，"不惑"共"弱冠"。挽手海东西北南，圆心半径，散聚有缘。雪飘处，鞭炮报春，师生开颜。

献辞新年，歌才罢，舞步轻颠。觥筹频交错，满盛醇情，真诚祝愿！感诸先生德能，血正热，各显才干！看良辰美景，桃李焕然欣然。

1984 年 1 月 1 日

蝶　恋　花

寒假遥寄闵浩

晨恋热炕迟起身，夜访亲友，白日少出门。炊事浆洗虽劳顿，三世同堂乐融融。

忙里偷闲作书生，茶余饭后，录音不厌听。数曲悠悠《红楼梦》，一魂飞向"艺阁"中。

1988 年 2 月 2 日

钗　头　凤

龙年元旦抒怀

玉兔去，蛟龙起，生肖永兴轮回。惊回首，漫嗟吁，"而立"未固，四十临期。悲，悲，悲！

瞻前途，犹可追，雁翼未衰当奋飞。育稚子，建家园，学历待提，教业须立。催，催，催！

1988 年 3 月 5 日

雨霖铃

悼文华兄

霪雨绵绵，阴风凄凄，十月早寒。惊闻文华病逝，疑是梦，噩耗确传。欲往病室再探，已床空灯暗。泪涟涟，洒向何处，从此兄弟两重天。

自古智能多夭折，更惋惜，四十正壮年！献身广播事业，十八载，汗洒海南。同志敬重，亲朋爱戴，妻子依恋。便纵有千种甘苦，生者与谁言？

1988 年 11 月 20 日

念奴娇

暑假贵德行

乡思难断，暑假始，偕妻携女急归。父母开颜，喜相聚，祖孙笑语依偎。玫瑰叶黄，苹果还绿，瘦豆架下垂。移步果园，草茂树老梨稀微。

因叹故园衰蔽，往昔盛景，今昔何处觅？树桃育李，园丁苦，汗洒讲台无悔。烛炬气概，春蚕精神，愿作护花泥。故居难废，何年收拾旧垒？

1989 年 8 月 9 日

钗头凤

赞西宁体育馆音乐会

春山远，草地宽，牛羊如云笛声传。大琴壮，小琴柔，木琴骤响，马蹄声欢。脆，脆，脆！

唱理想，抒恋情，泉流山石莺低啭。弦吐词，声作画，人面桃花，歌似醇酒。醉，醉，醉！

1990 年 10 月 5 日

桂 枝 香

七一抒怀

登高送目，正山河葱笼，风走云流。十年凯歌酣畅，国势葳蕤。惊创业异军八方起，争改革，强风劲吹。九天揽月，五洋捉鳌，战旗猎猎！

感四海光怪陆离，有中流砥柱，涡澜难挽！凝聚四化伟力，樯橹不摧。牢骚太盛防肠断，利欲无止名易裂。静以修身，警钟时敲，廉旌高挈！

1991 年 6 月 6 日

六 州 歌 头

登八达岭

伏天晴空，骄阳炙头面。八达岭，游人繁。挥汗雨，争登攀，不达非好汉。阶梯陡，路无限。望烽台，依垛口，暂平喘。垂髫幼女，身轻遥领先，勇气可叹。海拔八百八，顶点相牵连，健足继进，可上天。

长城隘口，居庸镇，锁钥城，五百年。放眼望，岭迭岭，山环山。墙苍远，似巨蟒蜿蜒，起嘉峪，卧海关。防匈奴，御外蒙，保江山。多少血泪，洒万里砖石，筑举世奇观！烽烟早已灭，凭临千古地，愿国强民安。

1994 年 8 月 30 日

水 调 歌 头

游孟达天池

车行虎跳峡，路临黄河涧。欲览孟达胜景，先壮险途胆。遥望石岭堆翠，马铃引客入山，石阶青苔乱。松下数歇脚，吁吁到顶巅。

四峰凹，明镜现，镶蓝天。谁赐宝鉴，千古幽幽照云寰？谈笑乘船悠游，颠簸戏水周旋，层层漾沧涟。原来山品高，"明心"藏怀间。

1996 年 7 月 8 日

酹 江 月

迁居新楼感怀

离乡入城，十年三迁居室逐次宽。三楼四楼再五楼，推窗可招青山。朝迎红日，夕接明月，从此不贪眠。风霜雨雪，高处更知寒暖。

一室淡雅，四壁书画，花香浸几案。课余兴来也放歌，乐与良朋清淡。卅年园丁，数段攀登，心血梓楠。不敢高枕，教坛尚须自勉。

1998 年 10 月 10 日

渔 家 傲

叹惋路遥

早晨却从中午始，光热方炽失新星。名著殛耗惊世人。改革初，文坛沸腾说《人生》。

负重艰难求高度，《平凡世界》血铸成。茅盾文学奖誉饮，谈何易，自锁病身作孤魂。

1998 年 11 月 11 日

一丛花令

读唐太宗与魏徵

治国良臣谁最功？魏徵辅太宗。《十思》奏疏如匕首，剖事理，件件中肯。取易守难，善始善终，方可为人君。

貌不惊人具胆识，犯颜敢谏进。明君治文祭忠臣，立刻石，诚后人。以铜为镜，以古为镜，更记鉴贤人。

2000 年 5 月 1 日

望 海 潮

格尔木八月之行

戈壁苍茫，中巴飞驰，八百一日长驱。沙石无垠，蓬蒿寥落，荒原浅湖依稀。三江发源地，"河流密集"。盐湖晶莹，万丈盐桥染辙泥。昆仑千里雪域。

郭乡草原，帐包环立。炎阳炙野，犹蒸腥臊，清河一湾凉气。入帐先脱履。姑娘酒歌长，银碗频举。颠狂上马，缓辔解怀踏绿。

2001 年 8 月 15 日

青 玉 案

看出嫁

鞭炮复惊四邻，再探看，相接送。嫁妆满载车沉沉。录相机远，闪光灯近，殷殷摄美景。

父母忍悲强作颜，玉体款款抱出门。红鞋悬悬不沾尘。鲜花满怀，笑盈姣容，哪里有泪痕？

2001 年 10 月 2 日

蝶 恋 花

华清池

始皇骊山犯神女，唾面发疮，温泉才疗治。药汤从此天下名，华清年年闭门迟。

游人驻步思唐室，龙体戏水，娇妃承恩浴。都市何处无华清，温泉水滑洗凝脂？

2001 年 10 月 30 日

桂 枝 香

毛主席纪念堂

屹广场，遥对天安门，雄姿肃正。座基花岗柱石，四十四根。顶天立地高高擎，金色琉璃重檐顶。瞻仰大厅，绒绣春浓，山河壮景。

光灿灿，金字镶定，领袖毛泽东，旷世英名。山花丛中，伟人闭目养神。震荡五洲风雷息，翻腾四海云水静。白玉雕塑，似问当今，风骚谁领？

2002 年 1 月 10 日

满 庭 芳

宁夏甘草

自古言传，宁夏三宝，枸杞发菜甘草。贺兰山下，沃野富饶。商贾使节不绝，马蹄响，驼铃漫摇。漠风起，丝绸路断，楼兰埋没。

如今，西海固，千山秃尽，百里沙涛。疯狂掘"药王"，草原尘嚣。万丈厚土不毛，更断燃料。二十年，不知牛羊，望"草"哭还笑？

2002 年 3 月 18 日

念 奴 娇

冬日漫游清华园

漫天飞雪，清华园，俨然玉裹粉妆。古馆素楼，通幽处，竹润松郁柏苍。慕名荷塘，追思月光，欲寻芙蓉乡。犹记"田田"，不忘"缕缕清香"。

遥想佩弦当年，苦闷且彷徨，月夜徜徉。昔日荷韵，空向往，清池已成冰场。残茎参差，寒树伴雕像，孤寂守望。毅容不老，待看明年花扬。

2002 年 12 月 28 日

踏 莎 行

城北海棠园一日

扑克入瘾，麻将正酣。餐桌菜凉冷碗盘。醉翁之意不在酒，"宰人"兴盎然。

歌台冷落，谁为舞伴？花坛寂寂蜂蝶闲。无奈暮色催人去，未识海棠颜。

2003 年 7 月 28 日

凤 栖 梧

游青城山遇雨

青城郁郁天下幽，松竹夹路，石阶无尽级。翠峰巍巍与天齐，殿宇危危牵云衣。

山雨欲来闷雷起，霹雳破空，顷刻溪洪急。天师洞中观泻瀑，归路游人落汤鸡。

2003 年 8 月 30 日

蝶 恋 花

游九寨沟（一）

旅程一日，九百里，阅尽岷江姿容。暮色四合星空明，天涯车尘落定。眼追高云，心驾长风，阿坝圆夙梦。怡然神往，不辞暑期艰辛。

果然人间仙境，涉足桃源，置身原始林。清潭瀑布水为魂，松柏千年神韵。五彩池畔，珍珠滩边，碧波洗目明。郁闷尽除，脚步一路轻。

2003 年 8 月 30 日

江 城 子

游九寨沟（二）

山隐沟壑林藏幽，花自开，水自流。天然幻境，独钟神秀。汽笛声声惊鸟语，黄尘起，破云岫！

路途遥遥何所求？探奇迹，壮漫游。"资源"尽开，天梯搭就。九寨沟口成闹市，念净土，何处留？

2003 年 8 月 31 日

渔 家 傲

循化辣子

片片赤霞落河滩，尖角累累红欲燃。火不炙手缀作串。辣香酽，循化口味品牌远。

黄河九曲泽万方，人勤地利富两岸。撒拉垦植艺独善。讲科研，高原辣牌海内传。

2003 年 10 月 29 日

风 入 松

鞋之情

巧手荷包香随身，不如鞋有心。三番做鞋为弟兄，红楼钗，探春真诚。不惜长夜顶针，纳进多少麻绳。

只叹不是男儿身，束冠阔步行。最喜烟霞闲骨格，拂袖泉石野度生。古今贵贱皆重情，制鞋功夫深！

2003 年 12 月 15 日

苏 武 慢

读苏轼

进士入仕，两遭贬谪，历治地方有功。诗称苏黄，词称苏辛，文与欧阳并重。心阔视广，开创豪放词派，意趣横生。半生恋杭州，繁华阅尽，西湖独钟。

水潋滟，山色空，浓淡相宜，人如西子风韵。挟妓宴饮，题诗纨扇，斜倚琵琶醉听。倾心禅学，佛寺寻幽穷年，至交佛印。贤妻怪，同床共寝，裹被如桶。

2004 年 4 月 8 日

水 调 歌 头

游李家峡及坎布拉

康杨山路尽，豁然眼前明：四山环抱平湖，水库如巨镜。游艇横犁碧波，荡乱水宫白云，蓝天成碎影。远望无出口，迷嶂藏暗津。

出狭谷，憩丹霞，观奇峰。再登悬崖危亭，高处旷心胸！返程穿绿碾翠，满目夕照层岭，山巅有人村。望峡盘旋下，飞落大坝顶。

2004 年 6 月 21 日

满 江 红

中国女排奥运雄风

排坛骁将，决赛处，英姿飒爽！似猿猱，又如虎鹿豹豚，腾挪跌荡。"榔头"频频砸球落，搏击强敌声铿锵。少年狂，誓胜俄罗斯，勇较量。

功夫硬，休慌张，输两局，又何妨？关键时刻看，"魔"高一丈！一球闪光定乾坤，红旗翻卷沸赛场。夺金牌，汗水和泪水，齐飞扬！

2004 年 8 月 29 日

桂 枝 香

中秋感怀

才饮碧螺，又斟葡萄酒，人在高楼。玉盘碧空独游，泻辉五洲。人生得意不得意，共举杯，领略金秋。吟罢水调，却告二苏，莫叹离忧。

良辰美景难留，阴晴圆缺，古来感叹稠。不为富贵显达愁，闲读诗书逸悠。秋叶渐黄，霜菊正秀，草色依旧。月逝夜阑，且看银河静流。

2004 年 9 月 28 日

天 仙 子

重读石葵《西海雪鸿集》感佩

"人生到处知何似？应是飞鸿踏雪泥"，朱君"指爪"印书碑。建文学，树科研，异彩纷呈硕果积。

《方言》《风俗》兼百科，《考析》《探索》理论萃，索幽察微求真理。读丰著，仰高仪，慕鸿留声东复西。

2004 年 10 月 20 日

剑 器 近

奇人约翰·库缇斯

怨上帝，畸模造人体不全。残疾侏儒童年，狗为伴。入校园，轮椅处处遭人欺，仰对千人千腿，泪如泉。约翰，心不甘。

半身求职，难上难，失败历百千。竞争拼搏成勇士，运动铸强健，命途终究转变。两球教练，动人讲演，激励二百万。澳大利亚奇迹传！

2004 年 10 月 21 日

渡 江 云

赞启功

满族正旗，雍正九代孙，皇族后裔星。志立青少年，结识名流，从师齐萍翁。赏诗学画，敢向先生辨误正。勤用力，功效最著，乃书画鉴明。

"治学"，明察真伪，亦忠爱情。伉俪四十年，最敬姐姐贤德妻，章氏宝琛。"曾经沧海难为水，除却巫山不是云"。作孤鸿，笔墨为伴养心。

2004 年 11 月 4 日

水 调 歌 头

张家界览胜

石奇松为冠，山高人为峰。武陵仙苑绝境，危岩云雾中。为柱为鞭为塔，似人似兽似禽，步步见妙景。索道送缆车，顷刻到天宫。

踏曲径，倚客松，留险影。不堪看，脚下悬崖百丈深。身后白头老翁，拄杖徐徐喘行，眉目展豪情。狮寨传鼓乐，顶巅迎胜登。

2004 年 11 月 11 日

天 仙 子

桂林雨夜观楼瀑

千丈高楼耸如岩，百尺瀑布泻似帘。天外流水奇无源！碎玉喷，轻雾漫，落地不见水成潭。

未赏黄果动魄景，银河辉涛眼前悬。桂林夜色绝景观。虹霓艳，雨丝乱，望瀑洗欲心恬然。

2004 年 11 月 14 日

卜 算 子

象鼻山下

俯首屹漓水，伸鼻入涟洄。
何故千年不抬头，"三花"酒香醉。

竹排墨鸭闲，老妪空望归。
靓女巧笑引顾客，无人顾憔悴。

2004 年 11 月 16 日

喜 迁 莺

鹰和蛇

高空展翼，草枯鹰眼疾，兔为猎靶。陆上雄狮，水中恶鲨，谁有胆奈何它。不攻同类弱，天国居民爱有加。看狡兔，奔命逃利爪，终究被抓。

追蛇，如闪电，顷刻俘获，欲摔却不下。紧紧被缠，难脱钢绳，无奈同坠天涯。不思毒蛇功，只切齿阴暗屠杀！愿苍穹，鹰击长空云自遐。

2004 年 12 月 18 日

西 江 月

湖南广西旅行归感

辗转千里，归西北，眼前水寒山霜。怀一腔武陵松峰，挟两袖漓江风光。洞庭白沙，韶山秀竹，件件入箱囊。杯留湘茶，衣襟桂花香。

几番送别接迎，人情域俗，鲜异日日尝。酸甜苦辣皆有味，阴晴冷暖总清爽。天南海北，有缘即逢，地广情亦广。回首游迹，目宽心朗气长。

2001 年 11 月 26 日

望 海 潮

忆长征串联

谁人点燃，串连狼烟，九州交通顿乱。书生意气，心血澎湃，"长征"红旗漫卷。心向北京城，何惧艰险。起步校园，"万水千山只等闲"。誓志二万五千！

寒冬结队行，鸡声茅店。挥旗六盘，辗转延安，未到长城却好汉！屈指四十天。笑登宝塔山，指看枣园。延河留照，脚底血泡始干。

2005 年 1 月 5 日

念 奴 娇

为印度洋海啸之难而记[1]

才过圣诞，临元旦，印度海洋发难。地震海啸举世惊，水魔狂吞人寰。斯里兰卡，印度泰国，印尼尽遭患。灾祸空前，十万生灵涂炭。

全球一统家园，民族虽异，人类本同源。水火岂分内外，同情不在叹惋。国际有责，八方援助，共同谋平安。"抗美援朝"，唇保齿不寒。

2005 年 1 月 6 日

一 剪 梅

花圈

竹为骨架花为裳，不登舞台，专赴灵堂。功德圆满哀思长，秀带飘飘，墨色苍凉。

姹紫嫣红凝寒霜，叶也不芳，蕊也不香。一朝赴火焚艳妆，和泪纷飞，魂归天堂。

2005 年 1 月 9 日

---

[1] 2004 年 12 月 26 日，印度洋发生海啸，灾难空前，至 2005 年 1 月 5 日，印度尼西亚等国家遇难人数已逾 15 万。联合国继续组织国际力量进行救援，中国救援队源源不断，各地群众踊跃捐款。

凤箫吟

观湟中通海社火

锣鼓动处社火闹，村镇处处欢腾。"高台"领大军，舞狮开道，彩车簇拥。见"八仙"下凡，偕唐僧、八戒悟空。扮金童玉女，娃娃挨冻临空。

入场，"八大光棍"踩高跷，两路并进。放声"绣荷包"，弦歌动阵容，观众层层。看男妆女郎，巧打扮，别具风情。歇息处，悠然点烟，谈笑风生。

2004 年 2 月 5 日

天仙子

张家界之游❶

才离"东方"贵宾馆，疾车已至"张界"前，索道缆车入云端。俯首惊，不敢看，几与峰巅相擦肩。

覃姓导游脚步轻，逐景留影达顶点，黄石寨中锣鼓喧。眺松峰，叹"天宫"，餐罢乘兴下"金鞭"❷!

2004 年 11 月 20 日

---

❶ 2004 年 11 月，与同事郭进忠赴湖南岳阳、怀化等地出差，事毕后应邀去张家界旅游，其景其情终生难忘，归来略作日记。
❷ 注："金鞭"，张家界景点名，谓"金鞭溪"，有金鞭峰、醉罗汉石、大雄护鞭峰等。

千 秋 岁

冬行苏州

　　初冬天气，出差抵苏州。余暇结伴乘三轮，闲览民俗园，湖平客船悠。步行街，"兰州拉面"异地秀。

　　护城河夜游，水流暗如油。波心荡，桥影稠。船行无管弦，灯昏月如钩。游客倦，导游口技引笑口。

2005 年 11 月 25 日

小 重 山

回贵德故居

　　推门沙枣芳香浓，入院玫瑰红，花枝沉。芍药歪斜落残粉。昨夜雨，润物却无情。

　　紫白花瓣犹嫩，躬身轻捡拾，留余韵。晨起敞帚扫香经，闻布谷，声声访故人。

2008 年 6 月 9 日

唐 多 令

端午节再登西山

　　朝晖沐山林，雾岚淹楼群。翠岭诱人早登临。高瞻远瞩舒胸臆，天空阔，气清新。

　　岁岁柳插门，年年端午粽，香包早已不缀身。但愿举杯能痛饮，登高处，坐看云。

2008 年 6 月 9 日

谒 金 门

"百花园"师生笑忆劳动事

频举杯，秋苑师生聚首。笑忆当年拔杂草，燕麦挤大豆。握铲并进地头，争学藏语不休。"当车"房东好小伙，今可有"牙口"？

2008 年 9 月 4 日

水 调 歌 头

送女儿怡潇入川大读研

炎夏降甘霖，好雨润山川。女儿录取湖大，惊喜不待言。起程山重水复，眺窗指湖南。湘江桔子洲头，岳麓山下书院，"湖大"在眼前。无奈军训急，抛女洒泪返。

岁月急，光阴迫，度四年。苦攻半载，考取川大再读研。校园学子莘莘，处处花明柳暗，此地山外山。但愿有人缘，异地雁群暖。

2009 年 9 月 15 日

水 龙 吟

泰国旅游

船行桂河黄昏，两岸寺庙隐竹林。水上晚餐，佳肴丰盛，闻卖唱声。佛塔熣灿，皇宫耀金；黑白香客，拜佛堪虔诚。大象玩球，频投篮，人欢腾。

人妖表演驰名，尽佳丽，女是男身。魅力身段，袅娜多姿，舞若惊鸿。回眸一笑，千娇百媚，风情万种！散场处，招徕游客合影，一刻千金！

2012 年 3 月 1 日

踏 莎 行

安徽宏村景观

山岭堆翠，青瓦白墙，农舍炊烟溪流长。稻田毗连抱村庄，石板铺路镶水塘。

砖木民居，雕门镂窗，四通八达皆小巷。鸡犬相安惯游客，男女从容善经商。

2012 年 6 月 5 日

江 城 子

与宋健同游黄山

其一

宏村西递佳境连，皖南秀，不虚传。访罢民居，雨霁登黄山。缆车送客至景点，踏云雾、犹作仙。

迎客松前人摩肩，频留影，遂夙愿。奇石险峰，看画境无限。返程石阶九回环，腿如铅，举步艰。

其二

黄山归来歇宾馆，再下楼，步蹒跚。街头凉棚，笑语进晚餐。点菜提酒解疲乏，乘余兴，漫猜拳。

曾闻画家黄永玉，登黄山，十二番，艰苦写生，绘胜景无限。悔叹未宿观日出，再登名山待何年？

2012 年 6 月 12 日

青 玉 案

拉脊山隧道

海拔三千拉脊山，多少年，路九盘。寒冬风雪道冰滩，层层拐弯，乘客心悬，只恨难飞天！

一朝隧洞穿山南，从此不再绕山巅。入洞打盹欲作梦，出洞已到，尕让沟川，更喜双路宽！

2013 年 9 月 10 日

踏 莎 行

再登上海广播电视塔

黄浦江畔，东方明珠，巍巍傲立插云端。电梯瞬间送游客，恍临天宫仙苑。玻璃地板，透视地面，心惊胆战身悬悬。匍匐留影恐人笑，回族阿娘却泰然。

2015 年 10 月 22 日

解 连 环

电视纪录片《美丽西江》拾萃

群峰叠翠，万壑吞雾云，西江胜景。

钟神秀，千尺壁根，直插幽怀中，惊世天坑。

垂索十丈，探秘者，胆似悟空。

药农荡悬崖，觅穴填粪，药草栽种。

长尾白首猴，腾跃高树顶，天敌难近。

察珍禽，冠斑鹦鹉，产卵树洞中，衔泥自封。

雄鸟投食，忙三月，育雏成功。

科研人，隐身密林，九十天整。

2016 年 1 月 6 日

临 江 仙

地震

寒冬子夜忽惊梦，原来卧床摇动。明知地震却恍惚，屏息待动静，稍后有余震。

女儿电话晨问讯，我答"不曾起身"。"遇震人人急避祸，你怎如此淡定?"自古难测恶风云，天灾谁能防? 不如自从容。

2016 年 1 月 21 日

清 平 乐

深冬客厅春景

盆栽桂树，夜来又散香。花蕾粒粒小米黄，从来叶底暗藏。

花间"蝴蝶"翩翩，双双展翅枝上。更有"香雪"竞放，笑口朵朵向阳。

2016 年 3 月 11 日

踏 莎 行

宋健长途访西宁

银川起程，直抵西宁，七百里路驾车行。健哥探亲心真诚，不辞辛苦情意深。

鸭蛋两盒，鲁酒一箱，敬祝长辈"多保重"。洗尘换装着警服，骏马新鞍好精神!

2016 年 3 月 12 日

朩 兰 花

西安旅游友朋相聚

四友交盏"飞鹿厅",八朋畅饮"唐府宫"。世博园里恋樱花,大明宫中访遗胜。

喜赏郁金植物园,惊观"长恨"华清宫。余香犹在茅台酒,同窗难忘振基情。

2016 年 4 月 15 日

八 声 甘 州

随韦运韬门源祁连行

车行东峡翠色蔓延,正"夏"满山川。看豆麦丰盛,河流清浅,青松连巅。鹞子沟里炊烟,探幽好野餐。曲途山庄静,农人恬淡。

留恋花海门源,带香入祁连。牧场无边,牛羊缓缓移,酸奶分外甜。才驻足,"天境祁连","黑鬼"书,触目赫赫然。卓儿山,远眺东南,黄花灿烂。

2016 年 7 月 4 日

望 海 潮

记贵德老宅旧居新貌

木门旧补,园墙新筑,庄廓百年老家。紫槐繁花,芍药艳葩,红联撰书佳话。"祖业泥墙在,诗情桃李发",勿须自夸。源自山西,枝叶成荫发达。

梨园老树犹花,看丁香报春,蔷薇闹夏,菜地葱茏,藤结南瓜,晨昏雀噪檐下。耕读传家风,勤俭保本色,善良为大。旧居不废,门前时闻车马。

2016 年 7 月 30 日

清 平 乐

观环湖自行车赛

地上流星，飞驰如彩云。三绕市区穿田野，倏忽已无踪影。
神兵复现眼前，个个大汗淋淋。随取矿泉浇头，脚下车轮未停。

2013 年 7 月 20 日

贺 新 郎

老同学何振基等应邀赴贵德一游

携汉中风情，穿"拉脊"、丹霞峡冲。傍随黄河逶迤行，何君
初涉"河阴"。王氏老宅迎远客，故友新朋会梨村。识门风，乃耕
读人家，虽书香，根为农。

观瞻"荫西纪念馆"，礼赞贵德文化人。再访张炳，黄河奇石
皆精品。生态芳园宴饮，宾主致辞两地情。作家签名互赠书，陕
青缘，文化作桥虹。酒酣处，河正清！

2017 年 8 月 16 日

石 州 慢

仲秋重访阿什贡东主才让家

南临黄河东倚丹霞，庄廓藏家。浅巷连通四邻，矮墙果园梨
大。才入外门，黑犬舞爪张牙，黄牛嚼草眼不眨。老伯出户笑迎，
落座先敬茶。

晚餐，葱花面片，羊肉手抓，殷情有加。自愧刀技差，暗自
观察。饭罢对饮，稚童尝酒喊辣！半酣主宾伴同榻。梦里羊皮筏，
漫游松巴峡。

2017 年 10 月 5 日

渡 江 云

读当代人物传记《褚时健》

两眉刚毅，一身正气逼，霜鬓凝冷雨。雄心创烟业，"红塔""玉溪"，几度陷谷底。东山再起，终树品牌作舰旗！为国企，效益经济，半生精力疲。

告捷，出厂上山，再营橙橘。踏遍岭峦，而今起步哀牢山，扎根果区。"活着当须有作为"，"生命不能无价值"。责任心，于国于家不移。

2017 年 11 月 18 日

观 海 潮

瞻仰三亚南海观音菩萨巨塑

石刻醒目，"不二法门"，远眺塑像高耸。水上路桥，熙熙游人，栅栏队列如龙。瞻中央佛殿，列佛经万卷，佛像千尊。走马观花，匆匆膜拜愧虔诚。

菩萨百尺塑身，一体并三首，绝世姿容。裙裾如瀑，趾似玉枕，信众"抱脚"留影。感慈悲胸怀，祈柳枝甘霖，顶礼殷情。欲渡苦海，还须觉悟万事空！

2018 年 2 月 11 日

南　浦

石抱树吟

雨林幽深，苍郁间，多百年古榕。千钧巨石抱树，凸裂石劲根。或如龙爪屈伸，所到处，将龟背四分！或"夫妻"相拥，紧贴体，似雷打不动。兰花溪水氤氲。

方留恋，闻飞瀑泉声。栈道石阶引伸，向低谷探寻。水石翠树交融，更成就，谷底好风景。低处不胜寒，还往高处攀登！

2018 年 2 月 13 日

东风第一枝

三亚度除夕

初涉海南，客居三亚，斜巷小楼人家。不惯除夕盛夏。游赏归来，倦慵相对，默然饮茶，无人问，鞍马劳动，谁操心，年夜鱼虾？免了春联窗花。

两三碟，鸡肉黄瓜，四五盅，"竹叶"酿醉。且听鞭炮四起，频接拜年电话。节目热播套路俗，少看也罢。故乡情结剪还乱，人在海角天涯！

2018 年 2 月 16 日

烛影摇红

蜈支洲岛卖艺人

踏遍洲岛，簇锦盆景情独钟。归路忽闻风琴声，原来卖艺人。吉他口琴风琴。男弹唱，声器铮铮。女司轻琴，销售唱片，殷情签名。

游客驻足，也赏音乐也赏人。浪迹天涯故事多，情侣成风景。岂知乐作"飘蓬"！看歌手，貌不惊人。曾登央视，"星光大道"，荣获奖名！

2018 年 2 月 18 日

琐 寒 窗

三亚槟榔谷别景

别景深壑幽谷，苗族山寨，原始民宅。石阶栈道，曲曲复折折。吊脚楼，参差错落，高低相望不行车。图腾大力士，把持门户，安内攘外。

歇脚，坐凉棚，观天然舞台。山坡苔岩，椰树瀑布农舍。火把起，舞如游龙，插秧山歌频入耳。羊下山，鹅上台，身旁走牛车。

2018 年 2 月 13 日

临 江 仙

登四川金堂云顶山

石城起步登梯阶，直道曲径数百层。山里人家多闭门。时闻鸡犬声，数里不见人。

柚子垂枝熟落地，柑橘满树狗值勤。桃花谷里识姜农。山顶小餐饮，望巅人息心。

2018 年 10 月 26 日

蝶 恋 花

与马有成、沈凤英夫妇金堂相逢

马君夫妇游趣浓，自驾千里，入川西南行。御景半岛喜相逢，锟锅佳酿为我赠。

青白江区访名胜，瞻仰古寺，碑馆瞻将军。清真餐厅识新朋，原来"两化❶"多才能。

2018 年 10 月 31 日

---

❶ "两化"指青海化隆、循化两县。

临 江 仙

记四川雅安上里古镇

一路餐馆"雅鱼",古镇茶坊连集。街市不见车马急。小桥弯似弓,石上流清溪。酱红卤肉大盘堆,挞挞面师甩技奇。土产精巧竹器齐。学生习素描,笔下景旖旎。

2018 年 11 月 11 日

朝 中 措

与李发兴、郭进忠等友人都江堰小聚

初冬重游都江堰,七友会宾馆。"金沙鸟巢"宴饮,西宁成都相恋。走马河边,信步踏岸,清波急湍!泳者击水浮旋,观者却感身寒。

2018 年 11 月 14 日

思 远 人

诗祭堂兄文英

惊闻噩耗堂兄亡,梁栋何折殇?千里异乡,难赴灵堂,无奈燃心香。

伯仲叔季皆殒寿,天意何苍凉!辛苦迁新居,未及安享,遗恨断人肠!

2018 年 11 月 15 日

卜 算 子

都江堰忆青城山之游

偕友登"青城"，黑云压山顶。"张师洞"前惊霹雳，倾刻雨倾盆！

檐下如缩鸡，归途"马"匆匆。千溪万瀑水雄浑，山腰看彩虹！

2018 年 11 月 14 日

鹧 鸪 天

致侄子怡然

浦江信使蜀地归，侄语殷殷叔欣慰。为贺新居表雅意，酒具千里作赠馈。

壶杯盘，草色翠。独饮常忆沪朋醉。今夜又是雨霏霏，何日与尔金堂会？

2018 年 11 月 15 日

临 江 仙

"半岛"独居随笔

身居"半岛"度日闲，欲寻乡亲却无缘。心底愁绪难裁剪。枕畔牵湟水，梦里赴银川。

故交音信已渐稀，屡邀挚友嫌路远。日日勤健身，午饮咖啡甜，灯下查书签。

2018 年 11 月 16 日

定 风 波

读《人生三修》

人生三修诚可信，修心修性复修行。福祸烦恼因何起？红尘！七情六欲难除根。

风动幡动皆心动，目空耳空灵台空。何物常拭能自鉴？明镜！"慎独"方显修持心。

2018 年 11 月 17 日

渔 家 傲

自嘲

半岛凝绿轻寒中，晨走园林闻鸟鸣。低吟轻啸练发声。莫侧目，自行其乐旁无人。

运动中心常作客，乒乓案头兴最浓。喷泉湖畔舒腰身。与人语，无识我乃青海人！

2018 年 11 月 18 日

天 香

三亚西岛观海

游轮泊岸，缆车穿林，桥作二岛瓶颈。海接天涯，路通峦峰，金牛雄姿凛凛！临亭极目，波层层，铺展无垠！

拾级下岸观涛，雪浪翻，前迸后涌。"大江东去"壮景，动魄惊心，苏词不厌百吟。留恋处，更解古人情。哪怕浪淘尽，终究豪杰，毕竟英雄！

2018 年 11 月 18 日

东风第一枝

再赏影片《骆驼祥子》有感

影视经典《骆驼祥子》，三十年前名片。北京贫民世态，人力车夫苦渊。斯琴高娃，正青春，"虎妞"新版！张丰毅，七尺彪哥，气度深沉昂轩！

扮角色，假戏真演，入剧情，离合悲欢。角色入心为魂，屡摘明星冠冕。声誉辉煌，到如今，已过盛年。难免人生春秋，台上台下换转。

2018 年 11 月 23 日

临 江 仙

交友钟传兵

秋游金堂云绣村，"兵"摘绿柚随手赠。二访"叔"门表友情。黄柚沉如瓜，红薯出土新。

三访再携紫薯来，对饮"老窖"起谈兴。自言不幸又幸运："父丧母健勤，爱妻相印心"。

2018 年 11 月 29 日

扬 州 慢

参观林锡纯书法展

久闻盛名，无缘谋面，幸赏身后书展。精品四千幅，心力倾晚年。华发童颜不老松，笔耕作黄牛，砚田生墨莲！堪赞叹，德艺双馨，学博技专！

溯源寻根，发轫处，北京师范。发奋数十年，立功教坛，创业报编。"确信人间正道"，矢志书法树经典。风格待后继，国粹须真传。

2018 年 12 月 14 日

少 年 游

婺源井丝坊历事

才离井岗博物馆，导游引领，识婺源特产。"蚕桑基地"树品牌，井丝名坊"必须转"❶。

真丝软絮可验检，被套簇锦，光色堪乱眼。难禁诱惑竞购选，谁晓得，物美价廉？

2019 年 4 月 5 日

临 江 仙

庐山、三清山又叹

双飞江西访名山，赣北画屏连绵。危临险峰观瀑潭。兴随索道高，情逐栈道远。

络绎皆为背包客，不辞千里往还。感佩银发偕伴侣，墨镜遮阳帽，拄杖步步前。

2019 年 4 月 8 日

沁 园 春

元旦致教院八四届中文同学

一元复始，雪润冬晴，云酿春风。看昆仑裹素，河冰晶莹。夜灯灿烂，车流织虹，时代新机竞凌空！中华如此强盛，众民族无不起豪情！

回首当年教苑，聚四方学子同乘艇。时桨橹并举，航兴正浓；青笋比高，兰蕙竞馨；一朝学成，展翼西东，各领风骚耀征程！讫使命，喜秋霜夕阳，染遍层林！

2018 年 12 月 20 日

---

❶ 导游引领，宣传"井丝名坊"，必须看看。

水调歌头

新春再致教院八四届中文同学

两度飞云端，凌空瞰群巅，挥手祁连雪峰，目送黄河远。落尘澜沧江畔，沐浴南国热风，洗却高原寒！

赏滇池，走古镇，瞻佛殿。领略春城，了却版纳心愿。欲邂教院同窗，众里处处顾盼，终究难遇面。微信作镜花，康健祝猪年！

2019 年 2 月 4 日

齐 天 乐

贵德黄河北岸倚河园新景

登临北岸瞭望塔，黄昏半天紫霞。云生东山，河出西峡，南峦隐隐菩萨。一川葱郁，似盆地绿植，掩村拥厦。桥矗双弓，守望车马飞跨。

回首信步塔下，有江苏月季，高原绽葩！蜀地紫槐，亭亭玉立，串串繁花竞夏。餐饮阁楼，名"周屯""王屯"，"红岩""松巴"，比邻新家，相对客迎迓。

2019 年 5 月 26 日

杏 花 天 影

忘年之交

体院学子皆精干，性豪放，喜武善拳！相识餐饮两三回，酒酣，言亲语近已忘年。

才相知，几度春秋，学业已毕各东南！银川定西德令哈，挂牵，只因离巢征程艰。

2019 年 6 月 1 日

小 重 山

再忆江西旅游

南昌归来看"航拍"，忆江西旅游，未圆满。婺源花尽空望田，访古镇，赏砚空手还。

鄱阳作远观，纵然水国阔，未登船。更恨忽略滕王阁，待何年，胜地吟名篇？

2019 年 6 月 2 日

鹧 鸪 天

看电视剧《麦香》有感

《麦》剧层层起波澜，角色历历意未阑。"麦香""麦收"又"麦田"，"麦浪"起伏恋"云宽"。

朝下船，夕上岸，悲欢离合人团圆。清荷终究不染泥，宽肩如铁敢承担！

2019 年 6 月 10 日

月 下 笛

读清代沈复《浮生六记》

愁思如缕，才下心头，又上双眉。《浮生六记》，灯下为尔解惑疑。"自家心病自家知，起念不当把念医"。"三戒"首为怒，大欲如壑，大醉神迷。

自诫：少言语，清心少思虑，少食防积！恒记三宜：节饮惩忿制欲！秉灵烛以照迷情，持慧剑以割贪痴。省交游，省妄想，花木书画自怡。

2019 年 8 月 24 日

宴 山 亭

赴北京同仁医院就医

一夜抵京，旅居"天都"，小巷陋馆栖身。眼障须除，求医"同仁"，四方患者如云。手到病除，刀术不误等候功。剔翳，两日见光明，雾去天晴！

妻卧病床养眼，清晨自健步，东单园林。行者疾走如风，目不两旁观，耳不杂听。登者缓步山径，立足八角古亭，远眺日升。太极行列，舒腰展臂，挪步身稳气匀。健美操场，节奏紧，音乐激情。幸甚！运动处处明目人。

2019 年 10 月 8 日

夜 合 花

二零二零年元旦登西宁南山公园

兴登南山，趋步北顶，仰望古寺崚嵘。不闻钟声，鸽群翻飞檐檩。凤凰亭，阶梯闭，楼台空。环眺四景。车流如梭，远路氤氲，河牵烟村。

元旦追随冬至，春节脚步逼临。日神无情，驭风滚滚车轮！四季紧，光阴迫，似忧还欣？远念良友，一心金堂，一心瓷城。

2020 年 1 月 1 日

渔 家 傲

"新冠"蔓延春光依旧

肺炎如虎谓"新冠"，蔓延四方众惊险。封城封村人作茧。一百天，社区解禁人心缓。

防疫还须捂口罩，"太极""锅庄"尚可练。跑步健身人未闲。四月天，春光复明闻鸟喧。

2020 年 4 月 10 日

桂　枝　香

七月感怀

盛夏南驰，一夜抵金堂，蝉声正响。回首贵德聚会，"龙升"宴饮。匆匆又赴阴山堂，看宾朋，竞亮歌嗓。餐桌别样，牛角挂红，头肉焦黄。

乐而乐，国忧难忘。洪流漫南方，水国决决。江淮泛滥，太湖洞庭鄱阳。中华鼠年雪加霜，庆幸大国栋梁强！处西北，高天厚土，百姓安康！

2020 年 7 月 26 日

东风第一枝

与朋友汤军金堂相逢

清晨微雨，稍降暑温，紫薇婆娑花红。汤军一路风尘，车歇"半岛"黄昏。一箱脆梨沉甸甸，崇州果品。半瓶茅台，互助酿，毕竟故乡味醇。

共晚餐，"渣渣面馆"，尽兴处，醉意三分。异地处处路人，难得故友相逢，蜀地筑巢，只怕作南飞孤鸿。且送远朋匆匆去，再待秋月举盅！

2020 年 7 月 28 日

渔　家　傲

重温辛弃疾词

少年抗金气如虎，老来对酒怯流年。目断秋霄雁阵远，沉醉时，梦里张弓拉空弦。北固口，英雄怀古觅仲谋，浩叹江山！赏心亭栏杆拍遍，报国志，却凝作六百诗篇。

2020 年 7 月 30 日

江 城 子

初游成都广汉雒城公园

城门巍然闹市中。人络绎，寻闲情。荷叶如伞，枯池高擎。迴廊曲栏牵亭台，花已稀，却娉婷。处处徐娘舞红裙，弄风姿，玩青春！别院茶座，雅士论古今。文庙寂寂门庭空，冷落了，孔圣人。

2020 年 8 月 2 日

雨 霖 铃

应中和同学

安君作词，情寄小路，联想悠悠。高中同窗久别，半世纪，屡屡回首。"春园"泉水长流，叹砖室依旧，梨花年年迎客游。时过境换，人已秋。忆吾辈，踪迹何处留？似闻宗祥笛声，羡徐惕，二胡独奏，更有书法，志新硬笔仿宋字秀。曾记否，胡声语文，盎然讲"红楼"？

2020 年 8 月 20 日

千 秋 岁

重游贵德地质公园诗赠喇海青君

彩峰逶迤，倾身裙带长。怀抱黄河扼峡口，拥高原绿洲，作千秋俯仰。守松巴，高瞻远瞩呼"龙羊"。

造物随天意，化境由人想。山水和，天地祥。地质藏奥秘，仁心显韬光。看志士，大展手笔惠一方！

2020 年 8 月 27 日

天 香

再读陶渊明

门植五柳，家有五子。却叹诗书乏继。追溯远祖，官宦世家，无奈时运不济。初得子"俨"，欣欣然，即作《命子》。寄望重振门庭，他日新秀后起。

五度出仕不利，归园田，诗酒隐逸。闲赋《饮酒》抒怀，醉而复醒，"辄题数句自娱"。作《责子》，怨其不成器。种豆南山，草郁豆稀。

2020 年 9 月 2 日

高 阳 台

观电视连续剧《红高粱》有感

凤栖梁林，龙动绿云，多少奇事藏隐。三十里红，酒坊遐迩闻名。火辣辣男子刚勇，水柔柔女子多情。国难起，炮火蔓延，兵匪纷纷。

从来野性存良心，危难顾大局，内讧须平。解怨仇，刀枪共对敌人。英雄爱国余占鳌，洒血泪，重铸灵魂！"九儿"烈，泼酒烧敌，火海殉身！

2020 年 11 月 27 日

八 声 甘 州

与外甥志强夫妇游四川新都漫花庄园

寻芳踪，驰新都农区，访漫花庄园。花坛迎门，花径曲栏。举目四顾景观，闻芳香扑鼻，悦满目百合，簇拥争妍！

红白黄紫雪青，惊名卉万盆，笑傲霜天。原来蜀上品，不度我高原！看园丁，移盆栽菊，沃土新翻千蕾待展！银发侣，相依留照，天鹅湖边。

2020 年 10 月 28 日

摸 鱼 儿

化蝶

春正浓，蝶戏花丛，翻飞墙头无踪。岂知前身曾为蛹，裹衣静度寒冬。地气动，隐隐雷声起，蚩蚩先自惊。不甘沉寂。躯壳虽似甲，痛苦挣扎，抽体成昆灵！

蜂引路，斑斓蝶翼轻盈，只把芳香追寻。落遍花蕊不染翅，浅尝辄止性情。时相聚，匆匆作舞伴，分合不相恋，各自西东。何必"梁祝"苦相思，美在自由，华丽一生！

2020 年 11 月 1 日

过 秦 楼

歌咏

言为心声，歌以咏志，千种风情竞唱。松华《赞歌》，大为《边疆》❶，《北国之春》悠扬。宏伟《西部放歌》，洪基经典，《滚滚长江》❷！似钢丝抛空，惊涛拍岸，汽笛远扬！

气生丹田振胸腔，荡气回肠，声情皆成绝响。迁客块垒，骚人苦衷，一曲尽吐苍凉。喜看今日中华，九州健身，万众亮噪。朝歌夕咏，愿我同窗铿锵！

2020 年 12 月 30 日

---

❶《边疆》即《骏马奔驰保边疆》。
❷《滚滚长江》即电视剧《三国演义》插曲《滚滚长江东逝水》。

千　秋　岁

诗酒陆游

八千诗作，万古流芳，一世忧愤抱恨归。"酒醒客散独凄然，枕上屡挥忧国泪"。抗金梦，报国心，不可追。

几度沉浮志难酬，流年鬓衰梦成灰。醉中海棠花雨飞。"感慨却愁伤壮志，倒瓶浊酒洗余悲"，花成泥，香如故，魂作碑。

2020 年 9 月 24 日

小　重　山

趵突泉

趵突三泉润慕心，久徘徊，柳色新。清照故居仰词宗，瞻蜡像，叹金石真情！赏樱花繁盛，诧牡丹娇嫩，争清明！闻小亭口琴声声，近聆听，赞八旬老人！

2021 年 3 月 31 日

踏　莎　行

泉城重逢

时值清明，兴游泉城，桃花映水杨柳风。友人❶闻讯急晤面，教院一别卅秋冬！同窗叙旧，新朋倾瓶，春暮再聚"皇城根"。相逢更为曾相识，海鲜美酒慰衰鬓。

2021 年 4 月 1 日

---

❶ 同窗，即青海教育学院 1984 届中文班同学刘勇。

唐多令

千佛山

雨霁好晴空，轻步登山径，"兴国禅寺"拜"大雄"❶，未知千佛匿何处，且登临，人为峰！极目眺南北，尽收眼底泉城景，旷胸心！栈道翠林传莺声，循音寻，女独声！

2021 年 4 月 4 日

满 庭 芳

七十年代贵德中学执教琐忆

沙枣花馨，冬麦起浪，河岸踏青时光。学生殷勤，邀约故乡，四十七载难忘！"春园"事，如梦黄粱。执教鞭，几多辛苦，忧烦"少年狂"。

假日，背行囊，东山野营，夜宿帐房。晨昏探山林，粗餐共享。何怨罚尔泥❷墙？常惶恐，黄河吞浪！叹往昔，夭者永逝，花甲祈安康！

2021 年 5 月 21 日

---

❶ "大雄"即大雄宝殿。
❷ 泥，动词，和泥修补土墙缺口。

第二辑　古体诗（163首）

惊闻一少女自绝有感

（一）

桃花流水杳然行，别赴天地非凡尘。

枉断青春一生梦，忍弃父母半世情。

（二）

秀目红颜纵然俏，玉体如冰魂已消。

不堪人间荣与辱，哪管他人哭与笑。

1984 年 3 月 6 日

早春校门漫步抒情

看秃枝尚无生机，待桃李花红叶绿。

融残雪地蕴沃力，行暖流云酿细雨。

处异地各不相识，聚一室相谐相宜。

成益友二度春秋，修德学互勉互励。

1984 年 3 月

晚　晴

初夏夕阳破云头，雨霁麦苗绿欲透。

鸟鸣翠树唱晚晴，牛饮清溪恋暮畴。

不惜草径湿革履，却爱田垄辨良莠。

碧棋盘中两红子，原是农女割肥韭。

1984 年 6 月

教院起航篷帆新

执教十载勤耕耘，梓台渐高力不从。

终得机遇长才智，方入高校强底功。

幸遇良师获教诲，喜逢学侣竞发奋。

学府砥砺奠业基，教院起航篷帆新。

1984 年 7 月 30 日

玉皇阁赋[●]

时维九月，序数三秋。

登临玉皇之高阁，兴览贵德之锦绣。

昔日檩封蛛网，栖雀啾啾；

今朝檐悬宫灯，紫烟悠悠。

数重砖阶为梯，两座石狮相守。

朱门新漆，泛光溢彩映人影；

红柱才髹，龙攀凤附迎客游。

图案画屏呈艺术之极工，

雕窗飞檐显建筑之神手。

翠匾银字，当镌"山河一览"；

丹牌金文，中书"普天同庆"。

遥望，残垣逶迤如千古卧龙；

远眺，黄河夺目似十里明镜。

---

❶ 序：十月七日，天气晴朗，下午与同事韩建国去玉皇阁一游。此阁属明清建筑，乃贵德"文革"中幸存古迹之一。楼高三层，坐落于城垣中央坐北朝南，国庆前修饰一新，重生光彩。游人络绎不绝，男女老幼皆竞登最高层，饱览家乡山川市井风光。当晚作游记一篇，遥寄远友，以抒衷情。

满城屋宇，鳞次栉比，

果树郁郁，红旗点点；

一川林木沐夕晖。

秋叶绚烂，青山绵绵。

东岭凝雪，西坪染黄；

高原河山任指点。

嗟夫！

"天高地迥，觉宇宙之无穷；

兴尽悲来，识盈虚之有数"。

胜地逸游，感万事之衰盛；

翘首东南，思境遇之退进。

曾记否：

"老当益壮，宁移白首之心；

穷且思坚，不坠青云之志"？

勿相忘：

"北海虽赊，扶摇可接；

东隅已失，桑榆未晚！"

1984 年 10 月 7 日

咏　竹

——献给一九八九年教师节

俯仰清风秋复春，问君底事自沉吟？

讲坛一度铜臭逼，教鞭不因世俗轻。

史轮有舵岂迷航？浮云无根雨洗尘。

残红败紫纷纷去，留得青竹亮高风。

1989 年 9 月 1 日

吉卜赛人三桶水

大篷车永远歌唱，吉卜赛四季流浪。

守传统蜗居毡房，少敛财赶路轻装。

三桶水不容混淆，食脸脚各用其汤。

族有法家有礼俗，尚自由不监罪狂。

1992 年 7 月

游北京大观园

省亲别墅叹元春，怡红院内吊晴雯。

蹑足潇湘觅琴声，移步稻村闻鹅鸣。

宝黛何处读西厢？雪洞探寻蘅芜君。

红楼万艳如落花，千年香冢留真情。

1994 年 8 月 26 日

"潇洒"之歌

潇洒世界潇洒人，潇洒文化潇洒情。

游迹天下潇洒长，举手文章潇洒深。

男靓女俊潇洒艳，纸醉金迷潇洒浓。

人人竞相玩潇洒，谁知潇洒轻与沉？

2000 年 7 月 8 日

丑 女 颂

嫫母倭傀德贤能，黄帝立业妻有功。

无盐极丑敢谏君，齐王立后因动情。

举案齐眉是孟光，轻丑重贤数梁鸿。

惊退新郎阮家女，能言善辩治许允。

1998 年 7 月 5 日

感文人书斋联趣

"门前莫约频来客，座上同观未见书"。

大防惜时嗜奇卷，乐邀同仁共赏读。

穷已彻骨生涯艰，宁肯读死胜饿死。

金声义师勇抗清，百般磨练文与志。

"二月杏花八月桂，三更灯火五更鸡"。

废寝忘食彭元瑞，读得尚书文学士。

"满架图书成小隐，一庭风月伴孤吟"。

晚清桐乡有余照，孤芳自赏不求荣。

不因人热清平心，聊以自娱千古文。

心无权贵朱景昭，躲进书斋成一统。

室有芝兰气自香，斋藏诗书文意浓。

百尝五谷有厌时，博览文章味无穷。

2000 年 10 月 15 日

书 为 友

读诗文而雅性情，沐书香而净心灵。

览佳作聊当良友，择善者可为知音。

会思想家于书中，明人生观于尺寸。

辨高低取其珍果，知优劣弃其毒菌。

2001 年 11 月 10 日

谁人曾识黛玉面

——再观越剧《红楼梦》

谁人曾识黛玉面？一代风流千人扮。

花容柳姿风骨立，蕙心兰气玉质坚。

琴棋诗书自从容，喜怒哀愁情无限。

舞台红楼四十年，形神兼备王文娟。

2002 年 4 月 5 日

老 年 舞 会

楼馆笙歌丝竹动，舞厅黄昏夕阳红。

相顾舒眉怜霜鬓，携手运步旋皂裙。

莫道人老无倩影，探戈迪斯身手轻。

健男柔女惜晚景，秋菊园里再度春。

2002 年 6 月 15 日

海西涩北天然气基地之行

车离格市赴涩北，行程五百鸟不飞。

野花渐稀越旷漠，望眼欲穿抵边陲。

板房闷罐捂长发，井台烈日烤汗背。

月下舞会聊作乐，夜寒浸肌凉如水。

2002 年 8 月 9 日

读 陶 潜

心为形役怅遭际，田园将芜归去兮。

信儒佛道智为友，性诗酒琴自成趣。

愿登东皋以舒啸，乐临清流而赋意。

植株耕耘避政治，和谐人生非叛逆。

2002 年 9 月 27 日

上 坟

残冰消融润麦畦，"田社"上坟南山际。

"大发""夏利"绕莹地，倩男靓女似赶集。

鞭炮阵阵破荒寂，青烟漫漫笼墓碑。

笑语盈耳酒香浓，时装满目手机啼。

先人地下若有灵，不知是悲还是喜。

2003 年农历二月二十五日

咏迎春花

飞雪落地调春泥，枯草两夜发新绿。

几簇亮黄照北窗，半院"迎春"摧换衣。

莫负花意共留影，权当与梅相依语。

百丈悬崖犹有冰，寒枝早醒经风雨。

2003 年 4 月 10 日

春游三首

（一）

五月杨柳衣才新，"奔驰""福特"度春风。

宫楼尝遍游何处，且入"桑拿"按摩城。

（二）

春景无处不人境，花容终究逊笑容。

数码相机最多情，无穷靓影入镜中。

（三）

逐山逐水逐园林，饮茶饮酒饮和风。

牌桌半日入局迷，不知杯中是何茗。

2003 年 5 月 4 日

杂　感

天无鹰不高，水无帆不泱，

月无云不媚，雪无风不狂，

林无鸟不幽，树无苔不苍，

潭无鱼不活，泉无石不响，

草无露不润，花无蝶不香，

梅无雪不艳，蕉无雨不爽，

画无题不雅，字无印不彰，

诗无酒不醺，歌无乐不畅，

岸无柳不秀，村无烟不祥，

马无骑不骁，人无技不刚。

2003 年 6 月 10 日

记峨嵋山万年寺异景

黄墙灿然青顶圆，疑是蒙古建穹殿。

晋唐宋明几兴废，烟火尽处存遗砖。

六牙白象驮圣像，菩萨金身名普贤。

画顶乐女仙衣飘，四壁铜佛貌端然。

苍翠林木护寿寺，山溪池水绕佛峦。

会当夏夜听蛙声，再邀雅僧弹琴弦。

2003 年 8 月 28 日

读 李 白

"李白一斗诗百篇，长安市上酒家眠。

天子呼来不上船，自称臣是酒中仙。"

不枉人世六十年，神笔挥诗九百篇。

无憾长安失翰林，不事权贵号青莲。

莫使金樽空对月，玉液文章情自酣。

今人海量胜古人，东西佳酿欲尝遍。

和酒吟诗能几人，锦心秀口何多见？

只慕太白真浪漫，潇洒风骨是豪男。

"三杯抚剑舞秋月，忽然高咏涕泗涟。"

2003 年 9 月 5 日

八月游乐山

桂花闷郁秋蝉倦，乐山游人汗涟涟。

贫男富女祈好运，焚香燃烛求圆满。

九曲栈道人如蚁，争登佛脚瞻奇观。

三江新浪推旧波，千年弥勒终不言。

2003 年 9 月 5 日

重游鹞子沟

半川黄麦摇秋风，一沟清水护翠岭。

云杉郁郁松林暗，流泉浅浅草甸明。

遥想鹰隼逐野兔，空念鹞子戏黄莺。

时见车疾马蹄轻，不闻鸟雀鸣晚晴。

2003 年 9 月 22 日

赞学兄司培英夫妇

朱门秀女嫁司郎，青春伴侣比翼翔。

女持农耕充壮力，寒暑风雨操劳忙。

男赴砖厂创别业，奔波十年归故乡。

儿女双双育成人，庭院绰绰新房亮。

贤妻有功却抱病，恩夫无怨奉羹汤。

霜鬓相磨共度秋，春赏牡丹年年香。

2003 年 12 月 27 日

母亲逝世十周年祭

（农历癸未腊月十四日）

墓耸南山埋慈骨，泽惠家族仰遗风。

本质勤劳有苦功，秉性善良无恶心。

无怨无悔立妇德，鞠躬尽瘁树后人。

针线茶饭皆能干，种地割田忍艰辛。

持家日日起鸡鸣，育雏夜夜挑油灯。

柴米油盐善操作，苦辣酸咸先尝尽。

不识字文却知理，是非曲直心自明。

实事求是忌虚言，以身作则重实行。

九泉长眠已十年，音容笑貌忆犹新。

再睹石碑思终生，重添黄土感深恩。

似见糙手肤色黯，眼前白发稀飘零。

腊月雪茔披缟素，洒泪祭奠有儿孙。

2004 年 1 月 5 日

寄兴乒乓球

小球来去案头跳，轻拍往复紧相咬。

推拉削旋扣杀急，进退腾挪竞高招。

九尺场地兵器短，智勇强弱见分晓。

最贵从容迎百战，以柔克刚终局超。

2004 年 1 月 10 日

高原梨乡春来早

拉脊厚雪覆石沙，牦牛荒坡觅草芽。

春风偷渡龙羊峡，雪片聚作满树花。

两岸冬麦铺新毯，一川杨柳蒸烟霞。

黄河清波流不尽，游客恋水忘归家。

2004 年 4 月贵德梨花节

郁金香节游文化公园

礼炮九响震云干，驯鸽万只竞冲天。

郁金香节花正艳，夏都艺苑歌烂漫。

马俊舞台领风骚，"上去高山望平川"。

洛宾铜像似动容，欲唱"遥远"说"留恋"。

2004 年 5 月 1 日

五月二日赴贵德雪途遇阻

取道湟源走哈城，拉脊白雪接天穹。

群岭茫茫难识路，车轮深深陷泥坑。

百般拖拉终徒劳，筋疲力尽近黄昏。

无奈三求挖掘机，钢绳铁爪显神功。

不料雪坡进复退，再握铁锹铲齿痕。

眼看夕阳沉暮云，山风掠颊脸紫青。

幸得援助脱困境，归来面赤赛关公。

2004 年 5 月 3 日

感牡丹雪后复艳

梨花初凋灵柏开，院中牡丹竞风采。

一株先绽白绣球，两丛红苞羞开怀。

天公忽降暮春雪，夜半寒霜紧逼来。

嫩叶半僵低垂头，娇花敛颜伤神态。

日光破雾抚草木，花展姿色香未改。

2004 年 5 月 5 日

读王维山水诗感

擅长诗书善奏弹，青春王维才华艳。

辋川别墅度晚景，明月松间听流泉。

纵有摩诘诗画情，世间难觅桃花源。

有心静修去俗念，不闻纷尘车马喧。

2004 年 6 月 5 日

马场垣人家

平川夏麦举穗齐，浅沟油菜铺黄菊。

胡麻花蓝豆结荚，青杏毛桃藏叶底。

黑犬卧望主人餐，白鹅诧喧闲客衣。

阶前月季亮丽色，姹紫嫣红欲笑语。

2004 年 6 月 14 日

第二十个教师节偶感

又逢九月教坛庆，鲜花美酒敬园丁。

欲问少时师何在？几人作古几尚存。

回首卅年教鞭朽，再掸十指粉袖轻。

门生电话传慰语，相问红包可曾领？

2004 年 9 月 10 日

览画册忆游长廊十年前

南临昆明湖，北倚万寿山。

迤逦伸玉带，蜿蜒展图卷。

首开邀月门，尾接石丈轩。

画幅八千余，游廊三百间。

"秋水"通"清邀"，"留佳"牵"寄澜"。

四亭驻春夏，八角迎暑寒。

步步山水异，节节花鸟变。

人物显百态，个个有经典。

一路皆悦目，精彩不胜览。

颐和名胜多，长廊为大观。

退算二百年，乾隆辟皇园。

英法毁前功，慈禧再重建。

木工汗渍衣，画师瘦手腕。

艺术铸国粹，白银三千万。

2004 年 10 月 6 日

登岳阳楼感怀

沧桑古楼屡换形，乾隆黄公题定门。

抗日血泪洒楼台，华夏朝晖明盔顶。

无尽烟波变阴晴，多少诗赋成珍品。

范氏《楼记》天下诵，应念功臣滕子京。

紫檀书刻犹生香，碑廊石铭凝丹青。

洞庭淼淼湖无际，白沙熠熠船竞行。

"我上斯楼别无念，忧乐两字最关情"。

2004 年 11 月 8 日

游湖南洪江市芙蓉楼

沅水河畔芙蓉楼，红白芙蓉出墙头。

门封楼锁园寂寂，蕉倦竹闲人悠悠。

亭存江南第一钟，阁藏千年根雕首。

昌龄遗诗留真迹，青苔无染碑不朽。

2004 年 11 月 9 日

口味槟榔

恰似一枚核舟，轻载半舱蜜糖。

络绎起锚湘潭，润泽湘江四方。

不比佳肴珍馐，可作烟酒友良。

除却满腔酸腐，口内齿芬津芳。

只须细细品尝，为尔清心洁肠。

咀嚼宜留余味，渣滓尽失前香。

2004 年 11 月 10 日

漓 江 游

桂林阳朔一江通，碧水萦回映奇峰。

放眼一日尽画廊，行船百里皆诗情。

游轮结队载豪华，竹排零星守清贫。

舱中午餐鱼肉香，码头橘女望客临。

2004 年 11 月 15 日

海啸奇迹偶记

海啸滔滔如墙高，游客纷纷奔命逃。

泰国勇妇不惧畏，拯救儿女迎怒涛。

排山倒海浪吞人，六口之家遭咆哮。

母亲卡琳抓棕榈，冲而后掀到高坡。

茫然四顾痛欲绝，惊逢家人无一夭。

悲喜交加谢上帝，团团相拥紧相抱。

转瞬死生为梦境，恍若隔世离阴曹。

历经劫难惜生命，母爱浪潮胜海啸。

2005 年 1 月 8 日

藏 獒

体似黑熊声如狮，敏如猎豹豺狼栗。

长毛厚重御冰雪，金睛锐利识百敌。

看家护院亲主人，牧马放羊显威力。

一旦飙价成宠物，从此神犬失地理。

2005 年 1 月 27 日

遥 望

丘峦磊落自有秩，杨柳欣荣呈异姿。

路遥须防牛力竭，草浅莫使马蹄迟。

不愁岁华渐摇落，却留芳意植短诗。

天上来水波明处，正是梨花如雪时。

2005 年 6 月 16 日

读《读者·人生大器》偶感

人生为大器，品格自不同。

性情少骄躁，言语不惊人。

气势未张扬，动静常从容。

花香宜淡雅，枝叶宜长青。

登山怀敬畏，临水思深沉。

才高不足夸，德厚风范行。

2012 年 6 月 4 日

雪　花

漫天起群舞，飘洒辉苍穹。

落瓦为银装，雪霁蒸晴空。

不幸覆道途，即成泥淖魂。

鞋底何知惜，车轮更无情。

同是天使者，命运各不同。

2014 年 11 月 28 日

罗　汉　床

坐床谓"罗汉"，窗下自安然。

四脚如鼎立，三围有雕栏。

茶色堪温润，花饰如云卷。

缎枕配藏毯，坐卧两方便。

头顶悬宫灯，微风动纱帘。

午后沐冬阳，夜来赏月圆。

倚枕可读书，凭几宜饮谈。

阳台成暖阁，不知室外寒。

书卷生诗情，家具寄雅览。

2015 年 10 月 13 日

惜　泉

序：故乡村边巷口一眼泉水，汩汩流淌五十余年，系 20 世纪初贵德县园艺场所打机井。不料今夏竟被恶人堵死，从此断了清流，悲哉！惜哉！

巷口一眼泉，汩汩昼夜间。

钻井三十丈，惠民六十年。

一朝恶人堵，从此用水难。

若为止污染，岂能断福源？

2015 年 11 月 25 日

甘愿沉默人

"鸟鸣山更幽，蝉噪林愈静"，

车多马路喧，客稀园林宁。

酒宴激谈兴，读书养心境。

不慕高论者，甘愿沉默人。

2015 年 11 月 30 日

读《读者》又感

其一

站立固然身正，屈膝并非弯腰。

昂首可显鹤姿，匍匐难谓鼠逃。

人生姿态万千，伸屈各因必要。

巅峰起于低谷，微旋可成扶摇。

其二

时遇鹤发童颜，频见眸明齿皓。

养生人人有道，贵在驱除烦恼。

目"空"绿柳红桃，无视舟竞帆超。

心动波澜即大，沉静涟漪便小。

2016 年 3 月 24 日

秋游新疆喀纳斯

慕名北疆喀纳斯，驱弛两日异境新。

哈萨克族天外牧，草绿羊白马蹄轻。

山巅放眼眺"圣湖"，"怪兽"出没有奇闻。

秋林竞黄映明镜，边陲碧水不染尘。

2005 年 9 月 30 日

西藏林芝行

拉萨起程奔藏东，海拔五千过峻岭。

"雅鲁"引路穿峡谷，江水滔滔雪浪涌。

赏心悦目巴松措❶，藏家小楼享餐饮。

游客举香瞻寺塔，信徒朝拜匍匐行。

2007 年 8 月 30 日

记第十六届亚运会女排决赛

亚运劲旅齐争雄，中韩女排决雌雄。

势均力敌二比二，再战终局见输赢。

万目紧盯发球人，力挽危势周苏红。

不负众望王一梅，劲扣一球定乾坤！

2010 年 11 月 27 日

互助风情园拾趣

"黄土坡儿青油油，阿哥活像尕犏牛……"

风情园里"花儿红"，尕妹鹂声穿霄九。

歌舞院中扮新郎，缎袄绸带毡帽柔。

"新娘"殷情牵客手，醉翁之意不在酒。

2011 年 8 月 12 日

---

❶ 巴松措，林芝名湖。

夏游微山湖

泛舟平湖访微山，芦苇重重隐荷脸。

千只麻鸭如游云，鸭农悠然挥竹竿。

黄昏喂食鸭棚闹，清晨满地好鸭蛋。

铁道游击英雄多，如今鸭农是好汉。

2011 年 8 月 25 日

读《孔子传》感事

"三孔"归来读《孔传》，见微知著教育观。

桓公太庙青铜器，子弟不识求解难。

孔丘命鲤注其水，虚欹中正满则翻。

愚、让、怯、谦守之理，物忌极盛事忌满。

2011 年 9 月 6 日

澳门"龙腾"

演艺厅内高穹窿，浓云漫移透银星。

忽然霹雳凌空炸，巨龙探头复现身。

黄龙腾跃唤风雨，青龙狂舞起旋风。

长啸震荡耳欲聋，劲尾横扫衣掀襟。

电闪雷鸣声渐息，观众相顾解虚惊。

2012 年 2 月 28 日

父 亲 节

六月又逢父亲节，儿女殷情表祝愿。

女儿电话加贺卡，义子特邀进晚餐。

古来伦理重亲情，父恩母爱比如山。

不图晚辈成龙凤，只求体贴慰余年。

2012 年 6 月 20 日

教院同窗三十年聚会有感

教院砺器结学缘，各写春秋三十年。

故园柏青松犹劲，四海桃李亦绚烂。

书品石画谢师恩，美酒诗歌祝芳颜。

踏路登高山头多，远向夕阳再扬帆。

2012 年 7 月 25 日

"伊尔顿" 与中师学生相聚

三年师范学智开，磨炼成材二十载。

当有梅兰芳苑香，可知骏驹驰山外。

故园相逢喜荟萃，师生情长忆课台。

"难忘今宵" 当励志，但愿黄花映青麦。

2012 年 8 月 6 日

读星云大师《禅语》

大师创建佛光山，广设道场佛学坛。
出世深潜通哲学，入世明察谙机缘。
普度众生修功德，建树真理"菜根谭"。
处世智慧在"宽心"，大彻大悟辨疑难。

2012 年 11 月 5 日

自　　责

两移幼槐伤其根，新发枝叶渐失神。
三番浇水救不得，辜负友人送树心。
花园锄草手匆匆，不意铲断牡丹根。
翻捡断根察嫩须，自责吾非谨慎人。

2013 年 9 月 2 日

暮秋家园偶记

开锁推门寂寂空，不闻犬吠与鸟鸣。
枯叶满经无帚痕，黄梨落地时有声。
玫瑰霜叶绿带紫，秋菊绽蕊黄伴红。
净扫庭院启尘窗，炉火旺时访客临。

2014 年 11 月 2 日

读汪曾祺散文集[1]

走遍东西复南北，朝登名山夕观水。

阅尽三教九流人，赏足四面八方美。

花鸟鱼虫皆成趣，金石珠玉可探微。

苦辣酸甜辨优劣，望闻问记识真伪。

2014 年 11 月 11 日

"漂流"而后"入湖"

《滨逊漂流》复闲读，心驰神往探险路。

百般惊险动心魄，唯独难忘"星期五"。

《瓦尔登湖》引入胜，寂寞孤独筑奇路。

抡斧握笔皆创造，梭罗账单启示录。

2014 年 11 月 27 日

校园景观——大学生们

高高矮矮身参差，黑黑白白肤色异。

摩肩接踵奔教室，成群结队归公寓。

田园稼禾共雨露，学苑良莠同济济。

麟角凤毛年年现，卧虎藏龙有几许？

2014 年 12 月 12 日

---

[1]《汪曾祺文集·散文卷》共 62 篇文章，多以随笔形式叙写，反映出作者对历史、地理、自然、民俗、人物以及草木鱼虫的观察、考证和思考，读后感慨颇深——只要是生活的有心人，不论何时何地，都会有所发现、有所体验、有所感悟。故拟诗一首以咏叹。

银川纪行

银川出站才张望，健哥急步迎向前。
古城分别思念深，宁夏相逢笑颜展。
"明月"宾馆同下榻，学府食堂共进餐。
先游影城再沙湖，一夜尽诉肺腑言。
宁大校园赏秋水，心湖相映起漪涟。

2015 年 9 月 8 日

沙 湖 游

客轮缓缓犁平湖，芦苇亭亭树翠垣。
板道曲曲通裸岛，黄沙漫漫成丘峦。
赤足跋涉接地气，轻衣徜徉浴日暖。
山麓驼队传铃声，有心骑行到天缘。

2015 年 9 月 9 日

无 题

近观盆花相映红，远眺西岭绿意浓。
两把哑铃强筋骨，一杯咖啡舒心神。
友朋相聚适可止，独处无声胜有声。
漫游归来离纷扰，躲进高楼成一统。

2015 年 9 月 1 日

八月十五游北京八大处公园

地铁口外打的士，老妇拉客老夫驾。

轻车熟路奔景点，车主谈笑家常话。

自言日日跑车忙，饭后两盅解疲乏。

夫妻每月三斤肉，惯吃蔬菜油盐寡。

年轻后生喜食荤，必须劳累助消化。

老年素食常劳作，防病保健好办法。

"八大"公园宫灯新，游客信众人如麻。

先点莲灯后焚香，舍利塔外绕三匝。

一份斋饭成佳肴，佛教胜地百姓家。

归来"玉林"赴夜宴，品罢美酒尝烤鸭。

中秋无月微雨撒，返程回味司机话。

2015 年 9 月 30 日

野生动物园赏菊

十月寒霜染西岭，黄绿参差秋色新。

未睹野生动物貌，先有万菊迎游宾。

黄如金盘托绣球，白似雪团枝头凝。

红蕊绿玉相争妍，日本丽花更雍容。

蹒跚耄耋更爱花，察言观色恋芳馨。

也弄相机留花韵，稚童不解老人心。

2015 年 10 月 5 日

《启功书法集》赏读

启功墨迹成艺苑，书画兼具呈大观。

宜粗劲时笔如松，该清秀处字似兰。

竹姿婆娑石润泽，山形逶迤水澹涵。

妙手处处显清雅，品格时时示范典。

"行书宜作楷书写，楷书却用行书点"。

一生勤耕砚不枯，百年书法树圣贤。

2015 年 10 月 8 日

土 豆 颂

餐厅每每尝佳肴，不贪鸡鸭与鱼虾。

扣肉肥嫩懒下箸，还数土豆最香辣。

春种入土经暑夏，暗结硕实扬素花。

待到秋犁翻垄开，满地"鹅蛋"白花花。

麻袋鼓鼓运进城，麻皮洋芋入千家。

炒炸烤煮任意食，四季美味不厌夸。

2015 年 10 月 9 日

电望剧《历史永远铭记》印象

浓眉深目高鼻梁，咧嘴一笑白齿亮。

挺拔身躯如壮士，挥鞭英姿似武将。

外籍医生马海德，献身抗日志高尚。

事业爱情心真诚，言语句句出腑脏。

2015 年 10 月 10 日

早　市

盐湖巷里人潮涌，早市景象堪繁荣。

摊贩售货竞市场，百姓采购成民风。

鲜果时蔬争比嫩，鱼肉蛋禽相逢迎。

人人满载跚跚归，却闻乞丐卖唱声。

2015 年 10 月 11 日

游普陀山夜宿农家院

普陀峪里山庄新，村民暮色接游人。

路经曲折明灯光，院落参差动树影。

楼上卧室如雪洞，窗外远塔闪霓虹。

近榻夜话千里情，梦中隔山闻钟声。

2015 年 10 月 13 日

长　寿

"走遍天下"采访勤，风物人事无尽穷。

天南海北长寿村，潜龟栖鹤百岁人。

形销骨立指似爪，唇陷齿落体如弓。

衣食无忧纵然好，何必挣扎作寿星。

2015 年 10 月 14 日

❶　2015 年 4 月 18～19 日与好友闵浩从上海赴普陀山旅游，夜宿山村农家宾馆。时日短暂，却至今留恋。

银川西部影城休息厅偶感

影视城中休息厅，方桌茶壶待客临。
莫笑侏儒主持人，且听舞台演艺声。
宁夏"花儿"胜春莺，板胡独奏有激情。
更喜民间皮影戏，特色文化得传承。
可怜观众寥若星，七人演艺六人听。
为报演员不弃场，倾情鼓掌表寸心。

2015 年 10 月 15 日

叹落叶而忆少年事

九月秋林寒霜催，西风漫卷落叶飞。
沟渠河滩密林间，扫帚到处叶成堆。
麦草马粪不足用，早晚随母觅"烧煨"。
挥帚哗哗无间歇，腰酸臂困满衣灰。
日高三竿或暮垂，麻袋花栏满载归。
为使寒冬土炕暖，年年霜季"栽把"颓。

2015 年 10 月 17 日

"逸园"之会

学生汇聚"玉阁"前，高中毕业卅八年。

昨天相见不相识，惊喜顾盼辨容颜。

今日再饮重逢酒，"逸园"嘉宾动管弦。

巨幅书法为我赠，"松柏长青"暖心田。

为报学子殷情意，一曲《老兵》传真言。

2015 年 10 月 18 日

故人来访忆叙当年辛酸

故人夜访忆往事，三年自然灾害时。

豆杆瓜秧"代食品"，麻渣麸皮谁敢弃？

苦菜点盐常充饥，难咽最是榆树皮。

孩童四肢如蔴杆，凸肚圆圆似充气。

苍天留得青山在，度尽饥荒时运济。

时代变迁如隔世，往昔艰难成追忆。

虽云何必常思苦，老心岂能忘昔日？

2015 年 10 月 19 日

欣赏电视节目《挑战不可能》

天下奇事何其多，超人挑战"不可能"。

六米晃梯当驾稳，八米桥轨须走准。

战战兢兢小心移，进进退退汗珠沁。

首战失败再起程，勇士最终获殊荣。

2015 年 10 月 20 日

无锡水浒城、三国城一日游

（一）水浒城

武大门前摆炊饼，小巷不闻叫卖声。

明知金莲已作尘，偏向阁楼觅踪影。

支窗短棍今犹在，何处可窥西门庆？

景阳冈下列酒罎，谁试三碗学武松？

（二）三国城

雕塑巍然桃花丽，千古英雄触可及。

蜀城阒阒空兵马，古琴寂寂无声息。

魏殿峨屹校场宽，曹操昂扬横槊时。

忽闻锣鼓阵阵急，"狮王争霸"演雄奇！

2015 年 10 月 21 日

玫　瑰　饼

珠玑巷内竞食品，远近闻名玫瑰饼。

一饼出炉巨如箕，热气腾腾香诱人。

宽刀横切分八块，玫瑰香豆显千层。

顾客等候不惜时，青海小吃可馈赠。

一旦经营成亮牌，客驻清晨复黄昏。

2015 年 10 月 22 日

浅唱低吟

救　菊

菊园赏花曾留影，心念霜蕊再探寻。

不料园工收盆去，香消玉殒残土中。

拣得几株回盆栽，急施水土救花魂。

一夜润泽振精神，红蕾绿瓣报芳容。

2015 年 10 月 23 日

哑　铃

一朝骨折致伤痛，只因老来骨质松。

膑骨四裂施手术，康复尝尽千般疼。

医嘱健身宜负重，从此锻炼用哑铃。

扩胸揉腰再下蹲，坚持三年初见功。

2015 年 11 月 24 日

走　路

公园晨练成风气，走路一族脚步急。

少壮健步脚生风，老迈趋前起喘息。

湟水两岸行道长，人奔狗随任东西。

智者运动待日出，恒者不畏风和雨。

因谓人老腿先老，不教四肢恋凳椅。

2015 年 10 月 25 日

苑恒瑞写真

七尺男儿挺拔身，肩宽腰圆正青春。

篮球排球羽毛球，尽显矫健技全能。

心有灵犀善摄影，猜拳行令敢畅饮。

手机百玩见闻广，忘年交中有真情。

2015 年 11 月 2 日

藏族大学生吴见旦增

初见只觉身颀长，复察才识好模样。

眉清目秀鼻梁直，唇裁棱角口形方。

更有乌发自卷曲，面容端庄似佛像。

出言腼腆语声低，谁知勇武在球场！

2015 年 11 月 9 日

读 周 国 平

读书万卷博学识，哲学理论作功底。

纵观历史勘正误，横比名家辨真伪。

爱情幸福悖论新，生死存亡见解奇。

透视万象解实质，抽象百说揭真理。

2015 年 11 月 10 日

与恒瑞黄河岸漫行

温泉宾馆玩保龄，频频撞瓶起激情。

赛罢乒乓穿秋林，漫步河畔眺"金轮"。

碧波晚照看野鸭，吊桥夕晖留清影。

故地重游思健哥，恒瑞为我解愁心。

2015 年 12 月 1 日

观上海世博园

——巨幅动画清明上河图

一画不朽传千年，择端妙品成经典。

商铺十里客络绎，街市万户集贸繁。

似闻拱桥车马喧，又见艄公驾舟船。

百态千景眼前动，亦真亦幻非桃源。

2015 年 11 月 8 日

秋 夜 吟

庭院十年植牡丹，艺馆三载学胡琴。

闲览杂书作日记，时动笔墨试书功。

拟诗常虑意境浅，作画只怕羞见人。

自知小器难晚成，聊养情趣慰平生。

2015 年 11 月 12 日

农历十月初一有感

十月初一轻雪飞，后人纷纷祭先辈。

墓地遥遥去不得，夜来且向街边跪。

东巷处处起明火，西路时时飘纸灰。

冥币叠叠烧不透，寒衣件件竞华美。

死后儿孙多孝心，亡灵生前可欣慰？

2015 年 11 月 13 日

重温韩愈《进学解》

国子先生惯晨训，谆谆启导"业"与"行"，

中有学生笑于列，敢问其师"能"与"用"。

从来才子多厄运，吟诗著文鸣不平。

虽言妻饥儿号寒，敬业为师重理论。

2015 年 11 月 13 日

应张佩华姐弟之邀赴家馨酒店聚会

满座嘉宾频举觞，管弦动处起秦腔。

旦角姐妹贾刘张，莺声宛转绕屋梁。

更有张氏四姐弟，倾情献艺有绝唱。

荫西遗风得传承，毕竟名门诗书香。

2015 年 11 月 21 日

夜 之 韵

窗外天光映盆花，床头灯晕笼卧榻。

闲饮酩馏解倦怠，静览诗书胜品茶。

梦里清泉石上流，觉寤明月照窗纱。

夜来常思洗凡尘，幻想超脱难离家。

2015 年 11 月 24 日

秋末农家即景

霜园梨树裸枝杈，冻梨摇曳高处挂。

秋风尽扫败叶去，落果时而声噼啪。

链犬寂寞恨主人，见客欢跃欲叛家。

可憾故乡荒园多，人弃农耕恋商厦。

2015 年 11 月 24 日

悼念鲁长征

惊闻噩耗深痛惜，英年早逝功半成。

"十杰"青年耀青海，沙棘品牌亮北京。

友朋相聚失音容，镜框红梅成遗赠。

生前曾饮庆功酒，梦里常忆师生情。

2015 年 11 月 25 日

葡 萄 吟

曲曲折折藤满架，累累垂垂硕果挂。

红瑙蓝铛争晶莹，碧玉紫珠比润华。

岂知初果似椒粒，谁察开花如芝麻。

最宜中秋赏丰姿，不忍月下祭口牙。

2015 年 11 月 28 日

游北京民族风情园

中华民族风情园，南北两墅一桥穿。

建筑迥异皆典型，风格殊别鲜景观。

傣族寨中看泼水，土族园内吃凉面。

一日看尽八方景，但愿游园似家园。

2014 年 5 月 1 日

二〇一六年元旦有感

日起月落时循环，寰球多少大事变。

举世瞩目"中国梦"，航船勇进领千帆。

改革浪潮有中坚，外交举措谱新篇。

抑强扶弱担使命，中华地位固若磐。

2016 年 1 月 1 日

读《寸草集》感怀

张洪赠书《寸草集》，佳作连篇手难释。

儿女深情忆慈父，各表寸心为后继。

荫西诗词留千篇，医术秦腔有造诣。

姊妹泪述父母事，读者唏嘘同饮泣。

2016 年 1 月 22 日

华清宫观舞剧"长恨歌"

骊山灿烂成银河，华清泉温掀碧浪。

贵妃驾云带泪降，明皇舞月喜欲狂。

千年不朽写憾恨，万古流芳演绝唱。

声光雷电壮悲剧，幕落方惊梦乱唐。

2016 年 4 月 18 日

贵中七五届初中学生之聚

黄河清波万古流，三川杨柳谱春秋。

故乡山水终不老，多少同窗成永久。

田园梨花年年新，莫教心地日日愁。

人生得意不得意，且放歌声饮美酒。

2016 年 9 月 24 日

记城南新区藏毯展销

五湖织品汇锦绣，四海工艺竞名流。

丝绸开创流通路，地毯广结商贸友。

地铺烟云堆乱花，壁挂山水焕鸟兽。

精品门前游人稀，廉价摊位顾客稠。

2016 年 5 月 30 日

人 与 狗

一身卷毛炫蓬松，也扮人样着衣裙。

白毛如雪棕毛亮，原来宠物也美容。

公园河畔常伴随，花坛草坪共留影。

可叹丁克自清静，宁养狗儿度青春。

2016 年 6 月 12 日

洛阳牡丹咏四首

其一

和风染得百园绿，艳阳照开万朵红。

洛阳好花非虚名，国色倾城国运隆！

其二

摩肩接踵入园来，靓男痴女久徘徊。

人惊花色花笑人，爱花还须解情怀。

2017 年 4 月 18 日

其三

樱花牡丹相映红，春装夏裙比花魂。

芳香处处惹人醉，何处花丛寻湘云？

其四

姹紫香径人欣欣，紫藤棚下客品茗。

四方游众入画境，武垦催花当有功！

2017 年 4 月 20 日

广州旅游纪略

下榻越秀"英德"馆，应邀良友曾国忠。

"泮溪酒家"吃早茶，光孝寺内瞻神榕。

墨园粤苑尽国宝，池潭金鳞皆精灵。

"红烧乳鸽"招牌菜，举筯欲尝心不忍。

2017 年 5 月 29 日

贵德端午节即景

偕友驱车故乡行，端午品粽家园中。

紫槐倚门花欲坠，芍药相映玫瑰红。

灶间柴火羊肉香，树下牌桌笑语频。

宾客兴尽回城去，主人茶余弄胡琴。

2017 年 6 月 4 日

故园小记

南道北路小巷长，高墙深院锁花香。

千层蔷薇绽粉红，六瓣兰草泛金黄。

友朋入厨备菜肴，佳宾提水烧茶忙。

回乡"园丁"惯务劳，好与故人话麻桑。

2017 年 6 月 4 日

龙虎园奇景二首

其一

北国二月雪飞旋，海南初夏衣裙短。

远望近观才入园，艳葩迎宾夺人眼。

稀世巨盆三角梅，四色同根相媲妍。

何人嫁接什锦枝？新添"国色"压牡丹！

其二

移步赏景探虎栅，铁笼深锁"孟加拉"。

惊闻"大虫"六百只，大如黄犊闲守"家"。

更有鳄鱼七万头，呆如灰尸栏里趴。

游人止步嫌龌龊，却爱鱼皮物贵华。

2018 年 2 月 4 日

恒大运动中心初识陈贤勇

恒大酒店拥港湾，绿树石雕抱碧潭。

运动中心"脏腑"深，"精武""健身"游泳馆。

试铃幸遇陈贤勇，素昧平生肯指点。

劲肌勃勃蕴强力，皓齿熠熠善言谈。

2018 年 3 月 15 日

文化公园龙升阁宴迎学友周丕东

学友远自武汉来，未曾晤面五十载。

一一指认忆旧貌，个个笑看体态改。

唯独百辨不识吾，罚饮三杯也费猜。

亦喜亦忧感旧事，华发相戏童颜开！

2018 年 9 月 26 日

关注 2018 年世界女排锦标赛

女排竞雄风云急，中、意抗衡相匹敌。

朱婷主攻频扣球，意队强手有"魔女"！

黑辫如帚鼻环闪，重磅扣杀难御抵。

奋战五局二比三，国人扼腕低一旗。

2018 年 10 月 20 日

体验运动中心健身房

跑步机上先"热身"，心跳气喘汗涔涔。

屈臂推杆练膂力，如推重车离泥泞。

拉杆过顶腹伸屈，似负巨石躬身行。

双臂开合扩胸肌，如分铁门欲逃生。

两腿抬杠复起落，膝似灌铅股肱沉。

健身只为强筋骨，劲草始能抵疾风。

2018 年 10 月 23 日

御景半岛散步即景

暮秋园林银杏黄，雨后花坛杜鹃红。

知时鸟雀深树鸣，润目喷泉雪浪涌。

老者亭下闲对弈，童雅草坪逐狗奔。

三轮穿梭竞择路，生计忙碌无闲情。

2018 年 10 月 23 日

看电视纪录片《青海湖湟鱼》

千里青湖碧波平，万年裸鲤尽藏身。

逆流而上为产卵，百跳"龙门"群壮行。

布哈河里寻温床，咸水湖中衍物种。

游船不知鱼使命，犁波冲浪任驰骋。

2018 年 10 月 23 日

无 题

眼花路遇不识人，耳聋相对难辨听。

醉聆音乐可闭目，静览诗书何必聪。

2018 年 10 月 26 日

叹毗河❶垂钓者

毗河湾畔钓者多，鱼竿成排水线稠。

行人往来闲观望，不见竿起鱼上钩。

望穿秋水日西沉，迟迟不甘收鱼篓。

三轮车夫可待兔，钓郎终日空望守。

2018 年 10 月 26 日

蝴 蝶 兰

亭亭玉立三两枝，朵朵相照四五杈。

次第亮相逐稍头，联袂起舞竞丽佳。

老枝依依谢残花，新茎欣欣窜嫩芽。

长抱芳心无秋冬，淡散清香自娴雅。

2018 年 10 月 28 日

---

❶ 毗河，成都东北流经金堂县的一条河流。

思 古 悠 情

东旅西游多陌路，北返南栖少乡故。

无酒难待良朋来，有诗终究可独处。

常羡王维隐终南，也慕陶令乐菊赋。

意长情深赞元白，肝胆相照思李杜。

2018 年 10 月 29 日

金堂五凤溪古镇一日游

古镇逶迤五凤溪，岭翠溪清街路曲。

鳞次栉比店铺多，夏去秋来游客稀。

欲饮壶酒"卧倒驴"，却尝农妇担上橘。

半亭午餐落座高，凭栏摄影山水低。

2018 年 10 月 30 日

看电视纪录片《苏门答腊虎》

苏门答腊林莽深，猎盗处处设陷阱。

不闻啸声虎踪稀，猴子野猪反成群。

笼育圈养保名种，人心慈善虎有情。

数年饲养终告功，"放虎归山"成新闻。

2018 年 11 月 14 日

初冬偶感二首

其一

蜀中银杏才报秋，高原早雪压枝头。

料知故园花尽谢，冻梨落地无人收。

其二

时尝川味渣渣面，还念故乡火锅香。

最美窗外雪飘时，热汤羊肉兴举筯。

2018 年 11 月 3 日

四川西昌螺髻山之游二首

其一

驱车螺髻路漫漫，大巴攀高九回环。

索道遥遥接山顶，缆车悠悠上云天。

欲览胜景少歇步，栈道直达黑龙潭。

"支格阿鲁"❶ 守神湖，不教船帆扰天然。

2018 年 11 月 7 日

其二

凉山怀抱堪博大，谷地处处有人家。

檐下苞谷串串黄，满地萝卜白花花！

彝女无意百褶裙，农妇背货汗湿颊。

山庄寂静空凉棚，游客匆匆不问茶。

2018 年 11 月 18 日

---

❶ 支格阿鲁，古代螺髻山彝族英雄。景点立有雕像。

川南攀枝花二滩公园印象

青山万重峡谷长，碧水千里雅鲁江。

"二滩"迤逦岭树翠，楼阁参差亭台凉。

刻石醒目主席词，当年"指示"励边疆。

三滩电站泻雪瀑，芒果矮林留余香。

2018 年 11 月 9 日

川南雅安彝海之游

车离冕宁奔彝海，轮碾轻寒穿林寨。

攀山又到登高处，红军雕像扑眼来。

结盟石前松柏青，纪念碑下玉石台。

伯承叶丹取水处，军民情深成碧海。

2018 年 11 月 10 日

偕友四川西南自驾游

千里行程自可夸，雅安西昌攀枝花。

"郭师""南师"❶交替驾，宋吴女士好管家。

身越百洞牵高速，目接千村看烟霞。

同梦青海风雪天，共赏蜀地四季花。

2018 年 11 月 18 日

---

❶ 郭师南师即友人郭进忠、南旭东。

老来喜与少年游

老来喜与少年游，聊学狂放欲忘忧。

常忆青春曾细腰，羡看后生身赳赳。

相聚同声亮歌喉，与饮放怀不言愁。

华发青丝衬为美，古词新诗谐潮流。

2018 年 11 月 26 日

重温余华《活着》有感

取名"福贵"祈吉祥，谁料败家因赌场。

九死一生离战火，妻亡子夭雪加霜。

离合悲欢辛酸泪，风雨沧桑苦命乡。

半生挣扎成孤魂，老牛伴耕岁月长。

2018 年 12 月 6 日

江西婺源行

车行赣东三百里，人随翠岭几千重。

清河浅溪波光明，粉墙黛瓦农舍新。

小巷处处弄香樟，街坊比比展砚工。

门楼祠堂徽州韵，镂窗雕砖古镇风。

2019 年 4 月 8 日

登三清山

缆车悬悬上峰巅，栈道曲曲时隐显。

漫步才过渡仙桥，仰首惊看"蟒出山"!

相机频闪竞留影，名岳奇观到眼前。

加餐望远再登高，胜景更在"一线天"!

2019 年 4 月 9 日

与友游览景德镇瓷器展馆

未识景德古镇溪，却览瓷都精品集。

琳琅满目接无暇，乱花迷眼赏不及。

碗盏晶莹摩有声，杯盘熠熠凝玉脂。

爱壶雅致不释手，归来夜饮听细雨。

2019 年 4 月 10 日

兴游井冈山

追梦胜境不辞远，首瞻巍峨博物馆。

百幅画卷革命史，十里松峰曾燎原!

忆昔满山红杜鹃，眼前挺秀笔架山。

兴游圣地当留影，赤旗映照红容颜。

2019 年 4 月 14 日

清明节登黄洋界

脍炙人口《西江月》，心向往之黄洋界。

以少胜多战役著，井冈烟消遗炮台。

银幕声中观战火，烈士陵园数灵牌。

雕像不朽山松青，赣江水暖桃花开。

2019 年 4 月 15 日

庐 山 即 景

"如琴"湖畔花径短，"草堂"门前"诗圣"闲。

可怜瀑布薄如帘，何来"飞流"落三千？

不畏梯阶探"锦绣"❶，勇倚悬松留"惊险"。

"仙人洞"前笑香客，汉阳峰下不慕仙。

2019 年 4 月 16 日

参观庐山美庐别墅

看罢"美庐"❷瞻"毛居"，卧室依旧客厅虚。

国共握手曾言好，风云突变内战急。

得道失道结局殊，镰刀斧头树红旗。

一代雄杰留遗照，任人评说辉煌时。

2019 年 4 月 16 日

---

❶ "锦绣"即庐山胜境锦绣谷。
❷ "美庐"即蒋介石夫人宋美龄居室。

异地他乡梦宋健二首

其一

前日通话语方长，昨夜梦中细端详。

可怜公私事繁冗，百斤体内尽愁肠。

其二

教师教官兼一身，才下课堂又领军。

散打表演迫眉睫，只恨无术能分身。

2019 年 4 月 22 日

御景半岛园区树景

四季花木参差裁，两丈高树园中栽。

为使抵挡四面风，如椽支架八方排！

2019 年 4 月 23 日

与友人陈贤勇匆聚

盘中蕉黄沃柑甜，樱桃晶莹可尝鲜。

好友健谈只饮茶，聚散匆匆酒杯闲。

2019 年 4 月 24 日

读元稹白居易友情诗感怀

"慈恩"作诗寄挚友，"花时同醉破春愁"。

兄弟魂牵曲江头，元稹应梦到凉州。

夕闻乐天谪九江，病中惊起夜更忧。

"远信入门先有泪"，真情常在人暮秋！

2019 年 4 月 25 日

贵德梨花节

年年四月杨柳春，水车广场报新闻。

词赞歌咏颂梨花，只因黄河贵德清。

车流源源排河岸，游人熙熙沐桥风。

不期古城路纵横，惟愿街衢柳成荫。

2019 年 4 月 27 日

赏微型盆景

掌上盆景成袖珍，奇花异木总玲珑。

玉碧珠黄珊瑚红，一叶秋色两蕾春。

2019 年 4 月 28 日

御 景 别 院

高楼底层别院新，短栅花墙竹枝青。

"大观园"中茶坊多，"潇湘馆"里教古筝。

青瓦花窗掩蔷薇，红灯绿霓亮角亭。

探门问询夸雅居，主人迎尔到客厅。

2019 年 4 月 28 日

我辈岂能再等闲三首

——贵德中学七八届初三（一）班学生

毕业四十一年聚会感怀三首

其一

人生倏忽已中年，梦里四十一年前。

相识相逢又相疑，相知相思相牵连。

纵然岁月改容颜，焕发青春返少年！

举杯畅饮同窗酒，献花共祝师生缘。

其二

汤汤黄河润两岸，千万学子出"春园"。

家庭事业面面观，七分甘甜三分咸。

成材还须树常绿，功就何必马归山？

骏骥竞走多有志，我辈岂能再等闲！

其三

掌声迎师登前台，哈达披肩致辞来。

声情并茂话重逢，语重心长表情怀。

夏收当喜麦熟时，秋获不忘春花开。

同看夕阳染晚霞，再梦书声浸讲台。

2019 年 6 月 23 日

惋悼董家平先生

少年立定鸿鹄志，"而立"逐梦作良骥！

探研古人多著述，谋划政事建业绩。

教坛载誉励桃李，高校示范树楠栎。

正当斜阳余晖好，岂料辉星陨尘际。

2019 年 7 月 20 日

看电视音乐节目《黄河大合唱》

宝塔熠熠辉延安，管弦纷纷动乐坛。

激情澎湃超指挥，波伏浪涌声雄健！

红裙歌星亮舞台，金声凌云"黄河怨"。

九十遐龄郭淑珍，倾情献艺撼剧院！

2019 年 6 月 24 日

兴游四川黄龙溪古镇

喷泉润眼洒轻柔，水花碎玉入潭口。

一溪清流贯南北，不知何处是"龙头"？

店铺堪比《上河图》，闹市却无"狮子楼"。

掏耳坐椅招顾客，泥金影师诱人留。

2019 年 10 月 25 日

赏贵德浮桥旧照有感

难剪乡思情袅袅，不厌观河伫吊桥。

东眺新桥虹卧波，西望柳滩水渺渺。

遥想"龙羊"锁高湖，激浪滔滔出石峡。

欲寻古迹走两岸，何处凭吊老浮桥？

2020 年 3 月 1 日

回　味

颐园婚宴尝龙虾，广州泮溪吃早茶。

三亚海湾饮椰汁，版纳游轮餐糍粑。

北原雪凝玉树时，南国盛夏切香瓜。

鞍马归来洗风尘，养生还须熬奶茶。

2020 年 3 月 1 日

恒大健身房卿太文写真

相识健身房，日日勤练功。

寒暄知姓卿，五十尚年轻。

身仿王矮虎，体力比武松。

出拳击沙袋，抖臂舞缆绳。

袒胸抛胶球，赤膊举哑铃。

才擦汗湿身，即去池游泳。

网名"自行车"，常作百里行。

麻友时聚首，遇朋饮两盅。

2020 年 3 月 28 日

静脉曲张手术铭记

护士引入手术台，一剂麻药神经衰。

双眼蒙蔽闻人语，体如羔羊任剪裁。

病床肢僵疑失腿，妻女甥婿送关怀。

亲情点滴溶入脉，秋阳知意透窗来。

2020 年 9 月 8 日

2020 年中秋国庆致中师师生群

云遮白璧月隐隐，风展国旗灯更红。

南耕北耘半生路，东楠西桦中师群。

近栖燕莺常致意，远飞鸿雁无音讯。

漫游可曾思故渊？展翅难能顾旧林。

2020 年 9 月 20 日

将 进 酒

君不见祁连群峰添新雪，三江源头推急流！

君不见春花烂漫夏草肥，转瞬月圆又中秋！

三十六年弹指间，同窗渐老难聚首。

常忆学苑风华时，岂忘"伊顿"频祝酒！

风动竹，雨打蕉，莺啭柳，雁鸣洲。

聊欲歌一曲，可憾无人同喜忧。

桃红梨白自芬芳，稻黄粱紫各获收。

仰望"海啸"❶文碑高，喜赏群明❷诗林稠。

功成隐退皆养生，赋闲可曾约酌友？

古来诗仙皆嗜酒，李白杜甫并陆游。

老夫可发少年狂，何必日日寻闲愁！

梦相邀，交觥筹，

不负明月照九州，与尔尽欢在高楼！

2020 年 9 月 28 日

102

国 庆 感 怀

幸与国徽近同龄，际遇学澜历云风。

鸡声茅店长征路，六盘舞旗抒壮胸。

感秋最爱《沁园春》，橘子洲头江流清。

霜鬓虽无老骥志，高处可眺鹰翔空！

2020 年 9 月 30 日

---

❶ "海啸"，网名，同学何振基。
❷ 群明，同学黄群明。

听郭兰英唱《绣金匾》

八十高龄声不减，再唱当年《绣金匾》。

缅怀主席总司令，总理恩德高如山。

肩负重任理万机，激励艺人国为先。

歌者噙泪声哽咽，台下听众湿眼圈。

2020 年 10 月 25 日

看法国电影《最后一课》

三代同桌始聚餐，老母起声发宣言：

九十二岁享高龄，结束生命出自愿。

一语即出举座惊，面面相觑五味翻。

女儿含泪强欢笑，陪侍两月使开颜。

物物有情细整理，件件签字作留念。

临终独处服"安眠"，不教儿女再挂牵！

2020 年 11 月 3 日

独 舞 者

广场群舞成风云，音乐铿锵震晨昏。

惊见"喜儿"独登场，黑辫蠕胸身婷婷。

玉臂轻舒仿"飞燕"，柔腰俯仰比丽萍❶。

谁料七十男"少女"，芭蕾舞步现惊鸿！

2021 年 2 月 28 日

---

❶ "丽萍"即舞蹈家杨丽萍。

大 明 湖

久闻"大明"镶春城，一朝临水睹芳容。

不羡游轮犁清波。只探柳岸花径深。

谁嫌纷纷清明雨？润物无声景更新！

且收"镜湖"入胸中，重返高原心地明。

2021 年 4 月 2 日

读冬子《借山而居》

远离闹市入终南，一人一院一萌犬。

独处静听风低语，高居坐看云舒卷。

览卷不觉月探窗，伏案忘我夜阑珊。

悟得百般孤寂味，撰就万言通达篇。

2021 年 5 月 10 日

重温滕晓天《青海花儿话青海》

高瞻远瞩察"花"园，寻根溯源觅"少年"。

两耳倾听千古泪，一心收藏万世缘。

聚沙淘洗真金多，剖石琢磨良玉显。

推得黄河歌浪宽，栽成满川红牡丹！

2021 年 5 月 29 日

读季羡林《孤独到深处·清塘荷韵》

铁锤敲破洪湖籽，荷种投生燕园池。

从此春夏多徘徊，何日萌芽出污泥？

三年始见嫩叶圆，四载方惊娇花举。

满目风姿谓"季荷"，联袂学子仰"三辞"❶。

2021 年 6 月 8 日

粽 子

碧叶似剑却性柔，弯腰盘曲成窝斗。

装得满腹晶莹粒，一夜沸腾不言愁。

红枣作心藏甘甜，绿装紧裹不露头。

解衣方显多棱角，玉体异香人间留。

2021 年端午节

端午香包果园歌声
——曾经的贵德中学师生情

艾柳插门枣粽馨，香包缀胸笑年轻。

湖畔端午曾留影，耕读师生三秋情。

犹记教室墙报新，岂忘舞台唱"北京"？

课罢握锹舞铁铲，果园春夏歌声勤！

2016 年 6 月 30 日

第二辑 古体诗（163 首）

105

---

❶ "三辞"，季羡林曾任北京大学副校长，留下"三辞桂冠"的佳话。

第三辑　自由诗（135首）

观电视剧《华佗的传说》

草履踏遍四岳，
扶伤疗病。
神手惠及五岭，
起死回生。
老道深殿炼丹，
秘炉痴心。
华医草莽挥锄，
采集药灵。
炼丹者无可奈何，
终临死神。
采药人手到病除，
拯救危魂。
从来道士求永寿，
枉费心情。
自古良才探真理，
妙术终成。

1984 年 4 月 8 日

春　望

盼艳阳，
却不料一夜飞雪，
大地银装。
觅春草，

偏只有撩面寒风，

草枯叶黄。

爱青山，

徒远望秃岭裸木，

不见绿裳。

寻香径，

但脚下浮尘蒙履，

灰尘飞扬。

春来迟，

看冰雪何时消融，

莺歌燕翔？

欢欣少，

念学子孜孜勤读，

何处游赏？

且回头，

探研书本寻春光，

文苑徜徉。

待蝶舞，

功夫到处学业成，

载誉还乡。

1984 年 4 月 16 日

弹响生活的马头琴

—唱给一位朝气蓬勃的朋友

如果说，

我是一朵悠然的流云，

你就像东天的朝霞飞扬彤红；

如果说，

我是一池静水涟漪微动，

你就像悬崖瀑布哗哗泻倾；

也许我，

是沙漠的骆驼迈步健稳，

那么你，

就是林中的麋鹿轻捷灵敏；

也许我，

是一帧山水画素淡凝重，

那么你，

像一幅油画热烈鲜明。

虽然，

你没有魁梧的身材，

也没有洪亮的嗓音，

然而，

充满自信的年轻活力，

从你的肌体向外迸涌。

人不因为漂亮才可爱，

举手投足，谈吐和笑容，

使你魅力独存。

当无聊使人倦慵，

当忙碌使人昏沉，

几声《血染的风采》，

激荡起小伙子们的热情；

一曲《二泉映月》，

驱散了姑娘们心中的烦闷。

静寂的树林需要风来吹动，
秋叶经霜才能杨黄枫红。
仙鹤展翅引白鹭齐飞，
急雨行空唤出天边彩虹。
感谢朋友馈赠的快乐，
也要用自己的双手，
去弹响生活的马头琴！

1987 年冬

心 之 歌

你是一粒，
沉甸甸的钢丸，
要行进就要滚动翻转。
时光把你摔打，
岁月将你磨炼，
生活的苦汁将你浸泡，
沉重的车轮把你压碾。
砸不碎，压不扁，
烧不焦，磨不烂，
滚动使你，
更加晶莹光鲜。

你是一只，
起航远征的帆船。
有时风云乍起，雷霆骤然，

你顶风冒雨，迎涛击澜。

一旦波平浪静，

你高扬征帆，加速向前。

你是一泓，

涌流不竭的温泉，

热气氤氲润泽艰涩，

严冬时节送暖驱寒。

病魔死神贪婪吮吸，

企图使你衰渴枯干，

你却用满腔热流浇灌生命，

执意要使健康之花生机盎然。

你是安装在躯体里的钟点，

牢牢地守住时间的概念。

为了追赶太阳的脚步，

为了紧扣四季的锁链，

你一刻也不停地跳动，

人生征程，不敢有半点怠慢。

你诞生时是一棵幼芽，

你年轻时是一团烈焰，

当你成熟时成了一块钢铁，

暮年，你犹如越转越慢的磨盘。

虽然，你呻吟着会最终停止运转，

然而，你已咬碎了人生所有的艰难。

1988 年 4 月 22 日

父 与 子

爱似掌上明珠，
视如天上星星。
自从有了他们，
你们的脸上多了一层骄矜，
你们的背上也多了一份沉重。

也许，
你们是天空中的浓云，
他们是滚滚而来的雷霆；
也许，
你们是锤子和铁砧，
他们是寒光闪闪的利刃。

谁不想作一把张满弦的弓，
射出有力的箭？
谁不愿是一面鼓满风的帆，
带动疾进的船？
然而，
你们慷慨地播种了爱，
就一定能收获期望的甘甜？

他们像你们，
但不是你们。
千万种知识，
是他们的父亲，
现代化物质，

是他们的母亲。

挣脱羁绊，他们不慕"金色的镣铐"，

尝试一切，他们敢在浪尖上驰骋。

时代的东风和西风，

在重塑他们的灵魂。

请省下多余的奶汁，

请收回如意和不如意的叹声。

你们的一切，不是他们，

他们的一切，不是你们。

1988 年 7 月 26 日

清静与寂寞

黄昏，清静好不容易来到室中，

一洗喧噪了几天的氛尘。

它让书柜上那盆青青的文竹，

静静地挺立出秀丽的姿影；

让窗户上那幅洁白的薄纱，

款款地垂挂出一片雅情。

落地灯放一片柔和的光晕，

录音机传几曲悠远的乐声；

桌几明净光可鉴人，

四壁洁白如同雪洞。

书卷，在主人手中轻轻翻动，

沉思，时而凝上主人的面容。

不料寂寞也偷偷袭来，

藏到门后，躲进墙缝。
等到夜阑更深，
寂寞赶走了清静。
于是窗上的月光变得凄冷，
夏夜的蛙鸣变成一片噪音。
终于卧室灯熄，
寂寞悄悄地爬上主人的枕衾。

原只想送走那些
堆积在脚边的烦躁，
烦躁把孩子欢乐的笑声
也一起带出了家门。
本只想卸掉那些
压在背上的疲困，
寂寞把刚开始酝酿的梦
也驱赶得干干净净。

哦，原来如此！
寂寞追随着孤独，
它嫉妒清静和安宁。
太多的吵闹和烦乱，
把心湖之水搅浑。
当清静滞留得太久，
又会把寂寞诞生。

1989 年 7 月 19 日

咏 月

十五一圆，千里婵娟。

缺而复满，倾光万年。

歌者百唱不绝，

诗人千咏不厌。

恋人们以你为证，

发了多少信誓和心愿！

你玉洁冰清，

碧空生辉轮行九天；

你神采奕奕，

光照寰宇星空璀璨。

你却不愿日日受人赞叹，

也不想夜夜把苍穹独占。

雏形为钩，反复凝炼。

一旦丰满，云惊星羡。

而后便悄然引退，

沉默，深思，再蓄精元。

你让大地留一份神秘，

也让银河把奇貌显现。

因为你懂得：

完美地表现，谦逊地休闲，

潜形，毁灭，创造，再生，

才能桂树不老，玉兔长健。

多少阴晴圆缺，

多少离合悲欢，

没有残缺，何来圆满，

若有追求，必有遗憾。

牙泉可以积为莲湖，

银镰可以铸成金盘。

望着你，

不幸者走出阴暗，

把命运奋力转换；

幸运者回顾历程，

懂得了张扬和收敛。

1989 年 9 月 16 日

丁 香 絮 语

用婆娑的姿影，

拂去你身边的浮尘；

用郁郁的绿叶，

滋润你干涩的眼睛；

让丰繁的花，

点缀你天真的理想；

使洁白和淡紫，

去融解你纷乱的梦；

把幽远的芬芳，

种在你温热的心灵。

1990 年 6 月 9 日

囚　禁

有人说，

假如你的心，

是一个牢笼，

我愿变成一名囚徒，

在那里永远囚禁。

我要说，

牢笼中的囚徒，

无不向往新生，

也许我终不甘于囚禁，

会渴望逃离你的心。

1991 年 2 月 18 日

拭亮你自己的太阳

你，

是巍巍山峦之一石，

是苍苍林莽之一株。

你，

沐浴自己的皎皎月辉，

观赏自己的彤彤日出。

你，

不必去拥拥挤挤，

就在自己的位置上写读。

你，

给单调的四周以绮丽，

给凡俗的日子以风度。

你，

尽管敬畏名山大川，

不妨效摹清溪柳湖。

你，

拭亮自己的那个太阳，

烧旺自己的那个火炉。

你，

站着该是一棵树，

倒下该是一条路。

1992 年 1 月 16 日

我的心你的心

我的心，

不是夏天，也不是冬天，

夏太热，冬太寒。

你的心，

不是秋天，也不是春天，

秋易衰，春多烦。

我不是黄山的石松，

霜雪冷峻，一派威严，

你不是西湖的垂柳，

婀娜多姿，随风柔软。

原野上挺立的白杨树，
用朴素展示正直和伟岸，
草甸深处宁静的湖泊，
只怀抱纯净的星月山峦。

我的心中鸟语花香，
你的心中风和日暖。
我的心，
在你的心里种植真诚。
你的心，
在我的心里收获怦然。

1992 年 5 月 5 日

苍　白

病房里住着苍白，
只有忧虑相陪护。

苍白的墙，苍白的床，
苍白的空气，苍白的面目。

苍白中只生长着一株希望，
——早日康复。

金钱、地位、身份、名誉，
统统在苍白中萎枯。

阳光、绿树和健步，
时时向苍白唤呼。

欲望却在苍白中潜伏，
不是窒息，就是复苏。

1994 年 11 月 24 日

固　　执

一条犟牛，
是固执的化身。

牛角上的固执，
咄咄逼人。

牛板颈上的固执，
二虎之力拧不动。

四蹄上的固执，
可以扎地生根。

固执可畏可恼，
固执可敬可佩。

毫无固执，
何来独特个性？

1996 年 1 月 21 日

不　是

不是一切种子，
都能发芽生根。
不是一切树苗，
都能长成森林。
不是一切河流，
都能汇入海中。
不是一切高峰，
都可以被攀登。
不是一切鸣叫，
都能成为歌声。
不是一切展翅，
都能高高飞腾。
不是一切鲜嫩，
都象征着纯真。
不是一切笑脸，
都能打动人心。
不是一切良药，
都能治好疾病。
不是一切困厄，
都能孕育成功。

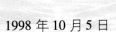 1998 年 10 月 5 日

光阴与道路

生命拽着光阴的绳索，
不让光阴从手中滑落。

只要手劲稍一松懈，
绳索当机加速滑过。

踏着崎岖追求将来，
谜底就在过去的对错。

走对了一百里春风杨柳，
迈错一步就烟笼雾锁。

1998 年 10 月 21 日

柴火与火柴

财富的柴火愈烧愈旺，
欲望的汤锅沸腾卷扬，
名利在锅里膨胀。

灾难突然把烈火击灭，
人情的火柴引燃焰苗，
再把凉锅烧烫。

1998 年 12 月 4 日

挂　历

元旦亮相，
十二张脸谱，
三百六十颗玑珠，
串联四季变换的脚步。

依序进退来去，
屈指前瞻后顾，
超前浏览岁月全程，
一年时光可在手中倏忽。

日子用相等的尺子，
给每个人剪裁光阴，
春秋炎凉阴晴冷暖，
在于各自手笔的点金术。

1999 年 1 月 1 日

门源油菜花

洪流，
从祁连山下，
漫延开来。
波涛，
把千亩良田，
茫茫掩盖。
汽车，

一爬上摩天的山顶，

扑来的耀眼，

惊得人目瞪口呆。

1999 年 7 月 20 日

声留耳畔画入心间

捕捉美妙的声音，

把它留在耳畔。

摄取悠远的意境，

把它印在心间。

画面里聆听声音，

文字间构想画面。

"红树醉秋色，

碧溪弹夜弦"的韵致。

"千里横黛色，

数峰出云间"的苍远。

"残雨斜阳照，

夕阳飞鸟还"的空灵。

"闲花满岩谷，

瀑布映松杉"的幽绚。

"声喧乱石中，

色静深松里"的宁谧。

"鸡犬散墟落，

桑榆荫远田"的恬然。

画境无限，诗意无限，

处处都是色与声的浸染。

闭目聆听四周空间，
独自置身心中"桃源"。
自然之声常留耳畔，
山水之画印入心间。

一释胸中之块垒，
洗涤疲惫和嚣乱。
培植宽容和舒展，
柔润焦虑和不安。

1999 年 4 月 21 日

秋天里的春天

早秋夺去了面颊的红润，
晚秋霜蚀了追赶的幻梦，
时间每日在敲响，
永别的丧钟，
人生在不停地向，
黄昏暮色沉沦，
然而芳草萋萋的回忆，
永远温暖着疲惫的心灵。

衣襟上馥郁的花香，
黑发下灼亮的眼睛，
丛生着串串笑语的脚步，
散发着阵阵热气的歌声，

都被秋天的阳光收集，
复印成夏天的靓影，
当白发和皱纹枝繁叶茂，
春天在秋天里绿意深浓。

1999 年 12 月 5 日

择　路

清晨有人独行探访，
一时在岔道口彷徨。
一条路坎坷曲折，
林深草长冷寂荒凉。
一条路端直坦荡，
人踪车迹遥遥可望。

伫立良久，举步迈进，
朝着前方的林莽。
裤脚卷起满地落叶，
露水打湿了鞋袜衣裳。
石头和藜棘挡道，
不时叫人跌跌撞撞。

旭日金辉镀亮了树梢，
鸟儿开始在周围鸣唱。
不要停止艰难的脚步，
走路就要勇于踏荒。
选择了人迹罕至的路途，
前景必定会全然两样。

1999 年 7 月 6 日

送　葬

每当送葬来到墓地，
眼看黄土把灵柩深埋。
沉重的心屡屡发问——
万一黑暗中的人醒过来？

亡者虽然已经长眠，
何必封闭在狭小的空间。
即使呼吸止而复发，
阴湿的墓坑也令人窒息。

也许身赴黄泉却不甘于，
那些未了的心愿。
也许已尽天年却依然心存，
无尽的眷恋。

地底下的人若能做梦，
他们要聆听也要探看。
用手抹一把冰凉的脸，
再把僵硬的躯体翻转。

不要埋得太深，
不要压得太沉。
每一个魂灵都渴望自由，
休眠的幽室，是回归的子宫。

1999 年 12 月 2 日

幻想先行

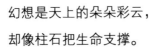

幻想是天上的朵朵彩云，
却像柱石把生命支撑。

如果把思想在孤岛上囚禁，
精神之树就过早地凋零。

没有对海市蜃楼的憧憬，
追求之帆就不会远行。

幻想在正义和同情中成长，
它的敌人是冷漠和嘲讽。

痛苦的少年容易倒地不起，
欣欣向荣者必然幻想先行。

2000 年 1 月 28 日

影 集

打开厚厚的影集，
满眼彩色的足迹。
或者特立独行，
或者珠联璧合，
心海又起波澜，
层层掀开思绪。

打开厚厚的影集，
满目是往日的解说词。

有的洋溢满足和幸福，

有的渗透遗憾和叹息。

熄灭的往事又被点燃，

摇曳的火焰有红有绿。

影集诠释着生活，

影集保鲜了记忆。

打开影集就打开了回忆，

陷入深思就是反省历史。

2000 年 2 月 8 日

领　带

领带用扁扁的腰身，

箍住人们的脖颈。

又伸出长长的舌头，

炫耀着自己的职能。

标志成熟体现庄重，

代表文明美化仪容。

飘摆潇洒显示身份，

还是性格、地位、权力的象征。

领带光彩了衣领和前胸，

脖颈却渴望解除拘禁。

假如日日都不得宽松，

所爱是否会变成所憎。

2000 年 2 月 20 日

走进深处

浮萍只能随波逐流，
浅草容易被狂风卷走，
懦夫的鱼网在海边出手，
勇敢者的猎枪喜欢远征，
到山林深处不懈地搜寻。

老窖里深藏着美酒，
深思才把明哲造就，
地狱深处正是天堂的入口，
心灵中的渴望和执著，
是打进理想深层的钻头。

2000 年 4 月 5 日

冬 虫 草

五月的风，
刚刚把她们，
从冬眠中催醒。
顶开泥土的被子，
把初夏的阳光探寻，
铁铲和药锄却已闻风而动，
漫山遍野去捕猎那些，
可怜的浅绿和白嫩。

只因她们有了，

四海远扬的名声，

雪域瑰宝，价值千金，

"挖之不竭，采之不尽"。

草原恐惧春雨夏风，

浩劫使她们纷纷含恨殒命，

大地上没有了珍稀之叶，

泥土里没有了奇妙之虫。

2000 年 5 月 30 日

眼 神 如 蚕

在那个人人脸上只写着，

"饥饿"二字的时代，

果腹的干粮就是野菜，

驴马的尸肉即是侈奢。

吃素的奶奶，

拒绝"荤腥"的施舍，

小脚支撑着瘦体，

在风中颤摆。

望着两个孙子手中，

一个珍品般的馍馍，

被小心地掰开，

奶奶的眼神有点发呆。

老的，渴望却不忍心，

小的，禁不住饥肠的期待。

终于从枯黄的岁月中走出来，

孙子愧望那些，

像奶奶的老太太。

奶奶的眼神，

如同一只卧蚕，

深藏在丰满的腹中，

不时咬啮着，

长满桑叶的灵台。

2000 年 7 月 9 日

噩　梦

疯狗穷追，舌及脚跟，

身坠悬崖，在恐惧中昏晕，

一声枪响，被子弹打中，

眼看沉入水底却欲呼不能。

……

从危急和绝望中惊醒，

只觉得心跳怦怦，

庆幸啊，

庆幸原来是一场噩梦。

如果，

美梦是理想的象征；

但愿，

噩梦不是灾难的兆征。

每一个，

从噩梦中化险为夷的人，

不要忘记那可怕的梦境，

面对现实的平安和美好，

学会对生活感恩。

2000 年 8 月 2 日

文竹与枫叶吊兰

阳台上，

是两位无语的友人，

朝夕相处，

默默地感应心灵。

一个在高处，

把冗冗手臂向下延伸，

垂挂出一串串绿色的五星，

书写出一行行耐读的诗文。

一个在低处，

细茎疏舒，仰首引颈，

挺立出松的风骨，

绒叶铺展出层层绿云。

看窗外，

秋山红遍，

层林尽染，

枫树尽情炫耀着灿烂。

眺园内，

千竿相扶，

枝叶纷喧，

翠竹陶醉于人们的颂赞。

不慕剑竹的高直傲岸，

文竹细茎有节，枝干清廉，

欣赏枫林的热烈壮观，

吊兰新叶迭生，错落丰繁。

生命需要默契，

个性也宜逢缘，

文竹与吊兰俯仰照应，

秋冬春夏，绿意绵绵。

2001 年 1 月 21 日

辫　子

多少秀顽的背影，

从眼前匆匆消失。

多少鲜美的服饰，

从身边近来远去。

窈窕淑女们，

总把目光惹得迷离。

为什么感觉美中不足，

哦，背上少了该有的辫子。

忘不了，

《东方红》——"南泥湾"，

郭兰英与姑娘们，

轻举花篮，款款移步，

黑亮的长辫子摆动出，

无限柔美的曲线。

不需要，

穿戴绫罗绸缎；

何必佩，

银的耳环，金的项链；

轻抚腰际的辫子，

本是少女们最美的装扮。

光滑，优柔，

飘逸，缠绵，

青春在辫子上跳动，

活力在辫子上流闪。

曾几何时，

秀发被色彩和油腻污染。

参差不齐和超短成为流行，

新潮如发型一般蓬乱。

时髦的化妆把嫩肤摧残，

娥眉迷失了秀丽和天然。

没有了辫子的腰背，

是那样空荡和呆板。

2001 年 2 月

一千和一

黑夜里有一千只眼睛闪亮，
白昼却只有一只眼睛发光。
然而一旦夕阳西下，
世界的光辉便顿时消亡。

年轻时与一千只眼睛相撞，
老来只与一双眼睛相望。
然而一旦旅途失偶，
生活的味道就没有了甜香。

周围有一千条路纵横延长，
眼前只有一条路通向理想。
然而一旦选错了方向，
走到终点只会是一片空旷。

2001 年 2 月 8 日

生　日

神采是年龄的光环，
生日是心灵的震颤。
点亮每一次生日蜡烛，
谁不发出似喜似悲的慨叹。

身后的足迹越抛越远，
眼前的路途越走越短。

刚听罢秋雨敲窗声，

却已见雪花飞满天。

前行的船头犹疑而掉转，

理想的彼岸就变得渺远。

追求之炬一旦熄灭，

脚步就变得蹒跚。

登山羡云，临渊慕鱼，

退而结网经营自己的田园。

在尝试和独创中酿造乐趣，

用自信和智慧浇铸康健。

一手举杯一手把蜡烛点燃，

将一串生日用红线贯穿。

用三百六十个夜晚和白天，

画出一个又一个五彩的圆。

2001 年 3 月 9 日

沙枣花吟

该为她的香韵，

唱一曲赞歌。

也为她的命运，

而惋叹悲吟。

当杨柳依依芍药绽艳，

端阳佳节欣然来临。

她刚刚穿戴起夏的衣衫，

却因芬芳而饱受酷刑。

银绿叶子错落，

串串金铃闪烁其中。

馥郁宜人的芳馨，

溢满山乡园林。

她含笑摇迎东风，

引唱出悠然鸟鸣。

不料一双双图利的手，

伸向一树树婆娑的姿影。

于是城市的街头，

多了一道售花的风景。

田园风光走进千家万户，

慰藉着楼房里的百姓。

虽被安置在精美的花瓶，

无根的她们怎能隽永。

当芳香散尽枝枯叶萎，

她们的遗体便被抛出家门。

田野的草木欣欣向荣，

沙枣却在花季夭折了青春。

因为喜爱就要夺取，

夺取就难免扼杀生命。

肢残臂秃的沙枣树，

叹息着寒暑四季的育孕。

月季芍药姹紫嫣红，

沙枣在召唤早夭的花魂。

2001 年 6 月 1 日

啊，黑发！

黑发，黑发，
无处不在的黑发！
黑发，黑发，
风情万种的黑发！

你是浓密的丛林，
你是飞动的乌云，
你是高高的富士山，
你是闪闪的瀑布落霞。

黑发，黑发，
芳草萋萋满天涯。
黑发，黑发，
蓬蓬勃勃燃烧在阳光下。

你是血液开出的兰花，
你是生命展开的光华，
你是种族繁衍出的根须，
你是伊甸园里的亚当和夏娃。

说什么红发黄发，
绿发蓝发棕发，
如雪的白发，流光的金发，
怎能比黑发的刚毅和典雅！

啊，黑发，

最珍贵的乌金，

最壮丽的风景，

你代代茂盛，民族之树永恒。

牦 牛 头 骨

赫然悬挂于客厅壁间，

是欣赏，还是祭奠？

白的骨骼惨淡出不朽，

黑的犄角盘曲出古远。

豪华里养殖着图腾，

血液里有母系氏族的怀念？

身居繁华都市。

心底里追寻着雪山和草原？

生命即是信仰，

人类的保护神就是自然，

如果不是残忍和贪婪，

血腥和白骨缘何泛滥？

2001 年 7 月

鸣沙山跋涉

有的宽如蒲扇，

有的瘦如鸡爪，

有的肥如白薯，

有的白如鲜藕。

一双双赤脚，

在沙滩上逗留，

此时此地，谁管脚的美丑？

要紧的，是沙窝里的享受。

沙在脚亲切的抚摸下，

愉快地呻吟，

脚在沙温暖的怀抱里，

舒畅地留印。

鞋本是脚的包装，

却作悬空旅行，

脚被彻底解放，

与沙海自由亲吻。

四十公里的沙岭，

数十米高的峦群，

虽没有腾格里的神韵，

也难比撒哈拉的广袤无垠。

却可以登上连绵顶巅，

遥指平湖苇丛，

这里不存在"征服"，
也不生产壮志豪情。

让包装已久的脚趾，
切切实实与大地贴近，
让双脚无数次陷进沙中，
与柔沙紧紧相拥。

沙山绵延，
沙波粼粼，
沙窝如蜂巢，
沙丘似驼峰。

纯净，柔软，
温润，细匀，
这里是沙的胜境，
这里有沙的精灵。

虽然听不到，
沙奏丝竹管弦之音，
却分明看见，
沙把"赤足"的本性唤醒。

2001 年 8 月 15 日

远 望

追赶着山路，
气喘吁吁地登到山顶，
发热的目光透过雾霭，

遥望远处才醒的楼群。

且不漫眺远山近林，
先把刚刚离开的家找寻，
哦，看见了，看见了，
在那一片，是那一栋。

深情地遥望，
久久地出神，
心之双翼翩然而飞，
落到那个熟悉不过的门。

虽不能把那扇窗户，
镶到眼中，
脚步却多了一份，
安然和平稳。

2001 年 9 月 12 日

欣　　赏

桥曲水碧松暗草明，
蜂鸣蝶舞鱼翔鹰冲，
蝉吟蛙鸣月白风清，
涛走云飞瀑落潮涌。

有了一双欣赏的眼睛，
美就超越了自然的时空，
走进纯净真诚的心灵，
与人性的情感共鸣。

美唯与智慧相谐相融，

美也与健康相生相存，

滤尽一切利欲渣滓，

平和礼赞，尚可与美同行。

2001 年 9 月 18 日

月　夜

黑暗淹没了烟村，

喧嚣让位给宁静，

窗户犹如迷人的眼睛，

无声地招引归心。

田野里几个人影，

铁锹扛着月亮把流水遣送，

冬麦地吸进满腹碎银，

夜色在脚底下高低不平。

2001 年 10 月 20 日

走 出 习 惯

只想享受家的温馨，

就会蜷缩于狭小的一隅。

满足寄生出懒惰，

安稳把探求麻痹，

温床上的日子岂有亮色，

套子把生活造成模式。

走出习惯，

才能捕捉到鲜活的生机。

告别满足，

才能冲破已在萎缩的领地。

小天地的思想容易灰暗，

温柔乡的感情必然沉寂。

走出习惯，

再不要原地痴迷。

告别满足，

警惕僵化的潜袭。

陌生，有令人心动的诱惑，

异常，有清新耳目的刺激。

2001 年 11 月 20 日

夜

走完了一天的路程，

太阳隐到山后去休整。

夜，穿一身宽幅的黑纱裙，

悄无声息地来临。

她让天空支起黑色帐篷，

把星月挂在篷顶。

又放出无数的萤火虫，

于是世界变得迷离和朦胧。

一切善良和勤劳，

都栖息在夜的怀抱里。

沐浴着静谧和温馨，

呼吸着自由和轻松。

那些不安和兴奋，

却喜欢在夜的肢体上蠕动。

不让她沉醉在甜梦中，

夜只好把眼睛半闭半睁。

还有邪恶和卑劣，

钻进夜的腋窝里作乐。

却怕她黎明时打一个哈欠，

起身去把太阳唤醒。

2001 年 11 月 22 日

塑　　造

上帝塑造了你的身影，

便将那个模子打碎。

你只好寻找一个偶像，

再去塑造自己的灵魂。

假如只是模仿和抄袭，

你的生命便成了别人的精神。

时尚紧紧追随着美，

美却有外衣和真身。

当你的脚，

刚刚赶上一个潮流的步履，

另一个新的潮流异军突起，

又在前方招摇队旗。

也许你成为时髦，

为追求到的东西而欣喜。

真的美带着嘲笑，

却已把你远远抛离。

假如你找错了偶像，

追累了万变的时尚。

你成不了别人，

也塑造不了自己。

2001 年 12 月 10 日

请不要······

当你看到她，

光洁似果的脸庞时，

请不要猜测她，

手掌糙如亚麻。

当你注目于她，

油光可鉴的革履时，

请不要想象她，

鞋里有脚臭和长趾甲。

当你喜悦于她，

笑容灿烂如花时，

请不要构画她，
柳眉倒竖时的凶煞。

当你赞赏他，
胸前精美的领带时，
请不要探寻他，
衬衣领上的污迹。

当你倾慕他，
一口洁白的牙齿时，
请不要记起他，
曾把痰吐于花坛绿地。

当你陶醉于他，
爽朗的谈笑时，
请不要记恨他，
酒后言词的无礼。

2001 年 12 月 20 日

相濡以沫

有一个美丽的传说，
化为成语活到如今。

在广阔无边的沙漠里，
一对鱼儿，
挣扎在仅存的一汪水中，
眼看着水要被沙魔吸尽，
但见一条鱼儿口吐泡沫，

把另一条鱼儿滋润，

面对死亡，

也要使对方多活一秒钟，

这是鱼儿们的爱情。

当岁月把一对矫健的体态，

压缩成佝偻的身影，

他们不怨秋风，

也不惧寒冬。

只懂得，

用眼神去理解，

用脚步去感应，

用皱纹去沟通，

用白发去绾紧。

如果只有一杯牛奶，

双唇先后小口地啜饮，

即使没有语言，

心的距离始终很近。

2002 年 3 月 10 日

难　道

难道被蛇咬过，

就不敢触动草绳？

难道皱纹渐深，

就不再揽镜顾影？

难道囊中羞涩，

就不敢走出家门？

难道貌不出众，

言谈就不敢高声？

难道害怕分手，

就不谈爱情？

难道没有情侣，

就厌恨女性？

难道心中痛苦，

就妒嫉欢欣？

难道命运多舛，

就诅咒幸运？

难道见惯时弊，

就不坚持公正？

难道不见高洁，

就不讲德行？

2002 年 3 月 1 日

桃李笑春风

——贵德玉泉山庄之聚

五月的风也喜欢踩青，

绿林秀水呼唤着友情。

分飞南北的师生，

相聚在故地园林。

初见惊诧，

原来年轻的，

已经老得陌生，

已经老了的，

反而显得年轻。

仔细端详，

老了的还是老了，

年轻的毕竟年轻，

且不管年老年轻，

笑口常开就可作不老松。

几番风雨几番磨砺，

蜕去稚嫩长出坚韧，

昔日的先生，该当学生，

今日的学生，可当先生。

人才脱颖于五味瓶中，

出于蓝者已成为青。

也不论先生学生，

身有所长就可胜券操稳。

十年春夏，二十年秋冬，

少男少女们已是成熟的父亲母亲，

泪花里折射着半生沧桑，

笑声里传达出一路艰辛。

举杯祝愿，

忘年之交情意长存，

携手起舞，

同窗友情终觉纯真。

穿天南海北之线，

须用评说激励之针，

架东通西达之桥，

当使竞争鞭策成功。

鹤鹭相逢舞翅寒暄，

蓬麻相扶牵手之情，

星月依依相辉映，

桃李年年笑春风。

2002 年 5 月 21 日

刻骨铭心苦苦菜

城市丰富的餐桌，

竟然抬举了苦苦菜。

是为了清爽油腻的胃口，

还是想引起一种缅怀？

刻骨铭心苦苦菜，

是贫瘠大地无奈的慷慨。

记录着一个饥饿的年代，

挽救了至少两代人的命脉。

灰绿的叶，乳白的根，

匍匐成荒野里的"豆麦"。

多少渴求的眼寻寻觅觅，

多少黑瘦的手东挖西采。

"万家墨面没蒿莱，
敢有歌吟动地哀。"
并非兵荒马乱时，
只因天荒地气败。

如同立夏后的寒流，
凄凉一度把生机覆盖。
只有苦苦菜填补着光阴，
菜色的眼眸企盼着未来。

苦叶苦根填充了饥肠，
苦汁苦水浸透了心怀。
留下永不消退的苦味，
提醒着肝胆和口舌。

曾经从饥饿中走过来，
苦苦菜已扎根在灵台。
这纪念苦难的绿色啊，
但愿是防蛀防腐的药材。

2002 年 6 月 6 日

黄 河 石

亭亭如盖的苍松依恋着你，
厚密如毯的碧草簇拥着你，
哦，黄河石，
你屹立出了别样的沉静壮美。

彤云飞渡，惊涛拍岸，
你岂能继续在河床沉睡。

亮出你山一样的雄姿，
再把万象纷呈的异彩荟萃。

滚石碰撞，流沙厮磨，
千年洪涛洗炼了你，
冰裹泥雍，夏沦秋曝，
日月风霜塑造了你。

刚硬的线条是你的筋脉，
精致的纹路是你的肌理，
圆润中显着棱角，
粗犷里含着细腻。

哦，黄河石，
高原原始的翡翠，
你凝铸了巴颜喀拉的傲骨，
你聚敛了阿尼玛卿的雪水。

走出河道，走向园林，
你的风姿处处点缀着大西北，
水因你而深沉柔韧，
草因你而绿意长蔚。

哦，黄河石，
你渲染着黄河的茫远，
你展示着黄河的伟岸，
当滚滚波涛卷起赶潮的狂热。
你毅然挺立出自己的冷艳。

2002 年 5 月 26 日

麻雀和童年

黄熟的麦穗上，
有我的童年。
麻雀的卵巢里，
有我的欣欢。

一沟麦田唤来夏天，
也唤来麻雀的乐园。
土崖岩隙，
处处藏满躁动和呼唤。

叠个罗汉伸长脖颈，
探看一窝黄嘴，几个雀蛋。
麦沟里孵着稚嫩的翅膀，
也孵着夏天的饱满。

揉一把麦粒放进嘴里，
和麻雀一起共进午餐。
再拣一把冬天的雀屎，
涂洗皴裂的手脸。

2002 年 7 月 21 日

安 塞 腰 鼓

红绸飞舞，
裹挟着滚滚尘土。

春雷般的浪潮里，

跳跃着千面腰鼓。

黄土地上的庄稼，

演化成壮阔的队伍。

金包谷咆哮般合唱，

红高粱一路疯狂欢呼。

鼓槌像喝了烧酒，

急雨般击响耳鼓，

擂出千张脸上的红雾，

擂出纷纷迸洒的汗珠，

擂出赤膊短褂的威武，

擂热了窑洞里酝酿着的幸福。

2002 年 8 月 1 日

无　题

当无情的皱纹封锁了额头，

当凄凉的白发叹息着悲哀，

我依然挺直脊背，

用健步走出自信的姿态。

当相握的双手减退了温热，

当惦量的目光在身后徘徊，

我依然正视前方，

从容迎对种种厌与爱。

2002 年 9 月 20 日

"犁者"已去，荷香依然

——写在孙犁逝世之后

开垦于广阔的冀中平原，
收获于如火如荼的白洋淀。
一生在泥土中耕种，
尤爱在湖泊里植莲。

绽"诗化小说"之朵，
不枝不蔓；
结"抗战新人"之籽，
粒粒饱满。

从容述谈中，
描摹风云变幻，
喜笑怒骂中，
溶解枪声和硝烟。

"永生嫂"们至今年轻，
"狠心贼"们惹人留恋，
一代文学俊杰，
不凡而又平凡。

历经动荡和谪贬，
暮秋时节又失侣伴。
孤独寂寞无悔无怨，
布衣蒲扇、粗茶淡饭。

二千年七月夏风浩荡，

"犁者"化为永久的思念，

带去一身清淡的品格，

白洋淀里荷香依然。

2002 年 9 月 29 日

距　离

一堵厚实的墙，

企图进入乃是妄想，

一张薄透的纸，

却会把终生阻挡。

天涯可以比邻，

咫尺也会成远疆。

相聚常是美丽的错误，

分离让人走进爱乡。

距离是一条橡皮，

拉长，感情之力才会绷张。

距离是一张弦弓，

拉紧，射出之箭才具力量。

当爱恋缺乏激情之时，

是该拥抱还是逃旷？

当友谊缺乏热情之时，

是该切近还是疏荒？

2002 年 11 月 12 日

珍　藏

人人都有一颗紧锁的心房，
那是甜蜜而苦涩的百宝箱。
并不永远封闭，
也不轻易让人欣赏。

童年、少年、青年的阳光，
盛夏、仲秋、初冬的风霜，
都在里头珍藏。
劳动、读书、工作的印章，
爱情、婚姻、家庭的花果，
也都在里头珍藏。

珍藏的都是别人没有的故事，
珍藏的都是自己真实的思想，
记忆永不褪色，
情感在积蓄中消长，
历史在足迹中凝聚，
生命的颜色从珍藏中透出光亮。

2002 年 9 月 9 日

掌　声

即使不是，
最生动的演说，
最精彩的表演，

最感人的故事，
最经典的论断，
也该为上台讲话的人，
鼓掌祝愿。

面对众多关注的目光，
谁没有过紧张、慌乱，
甚至涨红了面孔，
说出一些支离破碎的语言。

真诚的掌声，
是理解、宽慰、支持的音乐。
热烈的掌声，
是共鸣、赞赏、奖勉的花篮。

如果不是，
冷漠、自私、麻木不仁，
如果没有，
妒嫉、憎恨和忧怨，
为什么不，
慷慨地把掌声奉献。

吝啬掌声的人，
也必然吝啬情感。
为别人鼓掌的人，
也为自己拍响了信念。

2002 年 12 月 2 日

智　慧

智慧如光，

无处不可以普及和照亮。

智慧如水，

无处不可以渗透和流荡。

现实、梦想和幽默，

长成智慧之果，

智商、情商和创意，

熔为智慧之钢。

智慧站在，

知识和经验的台阶上。

她观察世界，

不断发现，充分欣赏。

智慧与豁达的襟怀相随，

智慧与乐观的心灵联唱，

智慧时常绽放感悟的花朵，

智慧总是闪现真理的锋芒。

2002 年 12 月 12 日

石 坡 泉 水

那时候，

石坡下的泉水正年轻。

清晨，迎接姑娘媳妇们，
让木桶沉甸甸地在坡上颤行。

黄昏，接待牛马驴骡们，
让肚腹鼓胀着在坡上蹒行。

泥淖堵不住泉的眼睛，
驴粪蛋污不了泉的清纯。

泉边上叠满鞋印和蹄印，
泉水里流淌着乡村的安宁。

水泥公路一旦把石坡铺平，
再也听不见泉的琴声。

温泉宾馆蒸气氤氲，
玉泉山庄池水绕亭。

马勺和木桶与恬然，
被一起埋藏。

牛后的粪叉与勤朴，
也一同锈尽。

赶牲口的鞭声，
时在耳畔回萦。

梦中冻红的手里，
捧着泉边的冰凌。

2003 年 1 月 28 日

追求的诗意

人生贯穿在追求中，

遥望彼岸，追求是梦。

到达理境，完成了论文，

追求的诗意唯在过程。

巍巍高山之巅，

送给登临者俯视的豪情。

谁说山谷低峡，

就没有深藏的意蕴。

从高处回到低处，

也许会收获更多的清醒。

追求之翅若只在仰视中飞行，

一旦跌落影子也会痛疼。

2003 年 4 月 6 日

纸上庄稼灯下烟

饮一杯五粮液，

品尝精酿的汗水。

煮一碗方便面，

嗅闻泥土的芬芳。

眼在超市里采购，

心在田野上徜徉。

远望灰白的楼群，
构画鸡犬相闻的村庄。

飞驰在高速路上，
耳边一声马车的鞭响，
纸上总长着茂盛的庄稼，
灯下袅娜着炊烟的安祥。

2003 年 4 月 8 日

井 在 何 处

扁担早已退休，
因为家家有了龙头。

流水哗哗，
冬夏旱涝不愁。

辘轳成了历史文物，
木桶只在记忆里颤悠。

井口葬于何处，
井水的滋味可曾存留。

"自来"之水何人珍惜，
"掘井"之人知深知厚。

2003 年 6 月 24 日

木锨上的风

一张张木锨舞向空中，
抛出一道道起伏的弧线。

麦捆脱去一身臃肿，
让风检阅和挑选。

麦粒如雨，落到场面，
轻浮的麦衣纷纷逃散。

麦的丘陵渐长渐高，
喜悦的目光随麦粒蹦溅。

黄昏的风追恋着木锨，
木锨在风中唱出麦的礼赞。

2003 年 7 月 28 日

南　瓜

潮湿的沙土解除禁闭，
两片厚实的叶瓣。
喜孜孜破土而出，
只争朝夕地追赶夏天。

毛茸茸的脉管，
探寻着途径蔓延。
撑起一把把蒲扇，

让黄花悄悄舒绽。

蜜蜂欣喜地穿梭，
在花间把红娘扮演。
藤须四处伸手，
一遇高处就勾连攀牵。

扇叶渐老，
瓜藤日益疲倦。
一个个沉实的大宫灯，
笑吟着初秋的丰满。

2003 年 8 月 1 日

镰刀之歌

当黄熟的麦穗摇曳出，
层层浪涌。
镰刀开始在庄稼人的手中，
欢快地舞动。
嚓嚓嚓，嚓嚓嚓，
音乐般的节奏紧促均匀。

脸上的汗水淌成沟渠，
双臂被烈日炙烤成赤铜，
直起腰望一眼身后的麦捆，
排排横卧像被击毙的敌人。

麦田诱惑出镰刀的激情，
磨石洗炼出镰刀的勇猛，

沐浴着夕阳和晚风，

镰刀唱圆了田地的梦。

麦茬上留着热铁的余温，

远处的麦穗又把镰刀招引，

待到明早霞光一醒，

再把收获的刀柄攥得紧紧。

2003 年 9 月 2 日

黄 龙 滑 竿

林木疏朗，

栈道蜿蜒，

碧水层层漫流，

瀑布处处飞溅。

游人逍遥摄影赏玩，

挥扇吸氧聊饮矿泉，

耳畔忽闻"滑竿！滑竿"。

热气直冲慌忙躲闪，

轿夫足下生风，

负重急速往前赶。

瘦颈鬓面，

一头热汗，

轿辕压着双肩，

轿身颤颤颠颠。

十几里慢坡路程，

一口气吆喝着走完，

乘轿者悠然自在，

闭目养神，随意浏览。

肥胖之客把轿杆压弯，

母子双乘，轿夫气如牛喘，

你坐我抬都是自愿，

不需要怜悯或责难。

黄龙深幽人间仙苑，

马不停蹄轿夫终日往返，

唐僧师徒若再取道黄龙，

佛门善僧会否一试滑竿？

2003 年 9 月 10 日

酣睡中的注视

母亲注视酣睡的婴儿，

丈夫注视酣睡的妻子，

父亲注视酣睡的儿女，

朋友注视醉后酣睡的知己。

请不要打扰，

只须悄悄地注视，

用眼睛抚摸最真实的神态，

把感情注入无意识之时。

2003 年 10 月 10 日

圆　满

蓬勃日出是一个圆满，
碧空皓月是一个圆满，
演出的掌声是一个圆满，
奖牌和桂冠是一个圆满，
走上红地毯是一个圆满，
除夕年夜饭是一个圆满。

纤瓣尽展的雏菊，
绿意盎然的叶片，
美梦之中的微笑，
相聚之后的留恋，
纪念日的依依合影，
长谈中的卓识远见。

生命虽会残缺，
处世难免遗憾，
春花结果有甜有酸，
秋霜染树有明有暗，
五指伸曲皆有形，
善察处处有圆满。

不要放弃热情和勇敢，
透视得失的正面反面，
把珍惜和付出放在心上，
将欣赏和宽容带在身边，
手中可掬来各种圆满，
脚下能开出串串圆满。

2003 年 10 月 20 日

窗　帘

夜的脚步一旦临近，
窗帘立即欣然跃然。
她把宽宽的裙裾，
尽情地左右舒展。

她把星辉隔断，
她把月光隔断，
她把视野隔断，
她把遐思隔断。

她只想把心留在，
属于自己的空间，
不让感情之水，
随意向外蔓延。

当阳光敲窗而来，
和风擦过玻璃之肩，
窗帘终于抵不住白天的魅力，
悻悻地退到窗户的旁边。

2003 年 10 月 30 日

落　地　灯

床头边，
立着一杆落地灯，

紫红色的底座，

不锈钢的灯柱，

那圆桶状的灯罩，

粉白相间的细纱妆成。

灯罩上，

粉纱衬托出白底菱形。

书画相照，色雅墨清，

杜鹃唱出"春光永在"，

幽兰暗吐"王者之香"，

青竹轻舒"君子之风"，

落地灯，

二十年前两位挚友所送，

灯绳缀一个心形香囊，

镶满了乳白的水晶，

心囊沉实饱满，

芳香淡远温润。

一位友人，

已高鸟北飞，稀了音讯。

一位友人，

近在咫尺却无暇登门。

他们早已忘却了它，

那件已经陈旧的纪念品。

纱罩上虽已有了补丁，

那是经历了春秋的证明，

人道是，"天涯若比邻"。

愿只愿，比邻不至山高雾重重。

夜色里，
落地灯聚一桶橘黄。
洒一室宁静，
聆听着，
主人起伏的呼吸，
书页的窸窣翻动。

灯——
守护着叶黄根深的友情。
人——
延续着对灯的耿耿忠诚。

2003 年 11 月 10 日

儿时的冬夜

把双扇木门关严，
将寒冷堵在外面。

钻进焐热的粗布被窝，
冰凉的身子，
便像发面一样酥软，
贴着画满"地图"的毡片，
熨贴得如坐一泓温泉。

一双纳鞋底的手，
用均匀的灯光和节奏，
抽拉着绵长的麻线，
灯花老了，屈指一弹，

针尖疲了，轻轻划过鬓间。

墙上的投影，
如黑色的雕塑一般，
那双不倦的手，
演奏出冬夜里的春天。

2004 年 1 月 5 日

春 联 如 梅

一个冬天的日子，
红梅开遍千门万扉，
不论晴日和煦，
还是雪凛风冽。

艳艳相照，
花开两列，
有的黑蕊夺目，
有的金瓣生辉。

爆竹声声，
梅染几缕火药烟味，
宾客进出，
梅浸三分佳酿粮液。

树树文章，
簇簇诗意，
寒流中肌骨清俊，
春风里神采奋飞。

2004 年 1 月 31 日

红 盖 头

艳丽柔垂的红盖头，

遮掩着无限的神秘。

或许有一堆光亮的乌云，

或许有两团胭脂般的虹霓，

或许有一颗熟透的樱桃，

或许有两潭清澈的秋水，

或许有一排石榴般的碎玉，

或许有两片微微鼓动的翅翼，

红盖头里漾溢着渴盼，

红盖头里藏匿着好奇，

红盖头里包裹着殷殷期待，

红盖头里充盈着芳香的呼吸，

红盖头是迷人的光环，

也是魔术师手中的布幔。

脉脉温泉在盖头下流淌，

妍妍花瓣在盖头下开启，

澹澹碧波在盖头下鼓荡，

皎皎新月在盖头下升起，

颤颤心弦在盖头下弹拨，

心底的火焰在盖头下静燃。

红盖头一旦被轻轻挑开，

幕内就亮出一道景观，

是一束玫瑰，还是一朵牡丹，

是一只灰鸽，还是一只天鹅，

是一串紫葡萄，还是一枚红苹果，

总会展示出独特的风采，

青春活力光彩焕然。

神秘产生遐想，

"亮相"使人激动，

陌生就是新鲜，

有向往就会有企盼，

缘分不需要过早追寻，

揭开红盖头是神圣的瞬间。

2004 年 3 月 3 日

也 说 孤 独

落伍的大雁在长空哀鸣，

囚禁的黄鹂在鸟笼呼朋。

牧羊人坐看天边的游云，

跋涉者在茫茫四野把前路探寻。

孤独和寂寞结伴而行，

无处不追随着形只影单的脚印。

孤独是明月松间照的清寂，

也是清泉石上流的幽静，

孤独是冻在心头的一块薄冰，

也是丝茧里默默蜕化的蚕蛹，

孤独是一剂不得不服的良药，

也是一壶芳香四溢的碧螺春。

有的人在孤独中，

消耗着苍白的一生。

有的人在孤独中，

编织虚幻的憧憬。

有的人在孤独中，

垦荒犁地辛勤播种。

有的人在孤独中，

奋力打造后羿的矢弓。

有的人在孤独中，

咀嚼人生的菜根。

有的人在孤独中，

刻写历史的碑文。

孤独中，屈原，

让不屈之魂与汨罗江永存。

孤独中，杜甫，

最终锤炼出"诗圣"的丹青。

孤独中，曹雪芹，

铸就《石头记》的悲愤。

孤独中，特洛夫斯基，

倾述《钢铁是怎样炼成的》。

孤独中，史铁生，

磨励了残疾人顽强的笔锋。

孤独中，海伦，

把黑暗化作心中的光明。

不在孤独中沉默，死亡。

就要在孤独中再生，奋进。

2004 年 3 月 21 日

致意高原铺路工

公路，
在山岭中盘曲延伸。
汽车，
在公路上竞相驰骋。

多少次，
从车窗里把你们的面影，
摄入我的心中——
高原铺路工。

粗糙的双手，
黝黑的面孔，
破旧的胶鞋，
满身的灰尘。

野风撩拨着衣襟，
汗酸气味似可嗅闻。
灰土淹没着眼睛，
双眸在迷惘中转动。

凿开山峦坚固的胸膛，
给沟壑架起钢的脊梁。
疏通山上纵横的血脉，
剪接山道的九曲回肠。

用淋漓的汗水浇灌，
沙石、水泥、钢筋。

用浑身的力气铺出，
千万里路的畅通。

不知你们的手掌上，
已脱落多少层老茧。
可想你们的鞋袜里，
日日都被污垢填满。

蜗居阴湿的工棚，
蹲食大锅菜饭，
当山风挟沙呼啸，
你们瑟缩着裹紧衣衫。

阴雨连绵的夜晚，
你们可有打鼾的酣眠，
抑或是久久的，
辗转和低沉的息叹。

虽然仲夏满眼的绿色，
会滋润你们干涩的嘴唇，
雨后湿润的空气，
会一洗你们浑身的疲困。

远有如云般移动的羊群，
近有炊烟袅袅的帐篷，
脚下的青草可作地毯，
洼地的清泉可随意捧饮。

然而当雪花漫卷，料峭春寒，
风刀削刮你们的脸面，

当四野空旷，赤夏炎炎，

烈日炙烤你们的脊畔。

一场暴雨呼啸而来，

顷刻间浇透你们的衣衫，

汹涌的沙尘暴，

把你们裹挟得耳昏目眩。

客车一次次经过身边，

你们一次次驻足顾盼，

你们的目光，

令人回望猜想。

到底是羡慕、向往，

还是自艾自怨，

是妒忌、轻蔑，

还是困惑和漠然。

公路漫漫，

牵引着你们多少憧憬，

路碑程程，

记录着你们多少脚印。

贫困意味着艰辛，

用艰辛支撑生存，

但愿铺路的日子不要太长，

汗水不要在水泥沥青上洒尽。

汽车家族繁衍迅猛，

滚滚车轮无穷无尽，

你们的肩背上，

怎能压下太多的沉重。

2004 年 4 月 2 日

根

河流里可以没有鱼，

石山上可以没有林，

大地上不能没有路，

土壤里更不能没有根。

杨柳不是游走的云，

芳草不是流动的风，

万物一旦失去根，

生命立刻就被断送。

地底下埋藏着煤铁金银，

土壤里潜长着无穷的根，

无根的土地必然贫瘠，

无根的地方难觅春的踪影。

古柏十丈巍巍挺立，

根的臂膀把土石牢牢抓紧，

纤草寸茎铺成绿荫，

根的脉管联网把养分输送。

野火烧而不尽，

春风吹而复生，

只要根的家族各守一方，

草木就会铸成绿色长城。

热爱泥土的人必然珍惜根，

想要花果的人先要培植根，

谁不喜欢欣赏和享受，

有根才能长出春夏秋冬。

老根腐朽新根生，

病树前头万木春，

开发何必无尽挖掘，

损伤根本难再返春。

2004 年 4 月 4 日

鸽　子

常年闭锁的庭院，

时有鸟雀作乐休闲。

不知何时，

两只年轻的鸽子，

翩然而至，

营造起自己的乐园，

屋檐下传出欢爱的语言，

墙头上起落比翼的侣伴。

不期而至的脚步，

引来扑棱棱一阵不安。

鸽粪落满台地，

鸽羽点点飘散，

两枚洁白的鸽蛋，

已被摔成八瓣，

蛋清一团冷凝，

蛋黄也将被风干。

急于生儿育女的情侣，

不因巢空卵破而悲观。

四处寻寻觅觅，

在煤房里找到了"安全"。

干硬的墙角地上，

又产下两枚晶莹的蛋。

凝望着鸽子的艰难，

一颗慈善的心微微震颤。

为了孕育新的生命，

微小的躯体不惜耗竭。

在冰凉和阴暗中，

要静卧二十个黑夜和白天。

自由与和平的天使，

从来与人类结缘。

执着繁衍，锲而不舍，

与人为友，与鸟亲善。

当鸟类的歌声，

随萎缩的森林渐稀渐远。

鸽子，

矢志为空旷的蓝天，

翻飞出银灰色的灿烂。

2004 年 4 月 7 日

腰 的 遐 想

山有腰，

几十里，千百里一圈。

蜂有腰，

一根发丝就可勒断。

树有腰，

接天挺立而不弯。

蛇有腰，

曲软委地难独站。

人有腰，

如钢似藤，姿态万千。

虎背熊腰，

猿臂狼腰，

杨柳细腰，

如桶壮腰，

……

无穷魅力，

尽在腰间，

奔驰，跳跃，

漫步，疾行，

舞蹈，游泳，

拳击，攀登，

……

力量来自腰的支撑，

灵敏来自腰的柔韧，

优美来自腰的曲线，

矫健来自腰的坚定。

坐如钟，

立如松，

行如风，

一切气质显示腰功。

不凡的风度无腰不存，

高视阔步，昂首挺胸，

久而久之腰会僵硬，

进退曲伸，躬而复立，

腰则更富于弹性。

2004 年 4 月 9 日

瞬间的破碎

砰然一声，

仿佛地震，

一秒钟的不留神，

一只白瓷花瓶，

已被摔得碎屑纷纷。

失手者的耳边，

久久回响着破碎的余音。

破碎的，

不是花瓶，

是一个立体，

无数的平面，

优美的弧线，

叠叠重重的圆，

是光滑，细腻，

洁白，明艳，

还有点染的红林，

水墨的山。

破碎的，

不是花瓶，

是一种完整，

一种美妙和圆满，

被毁灭的，

是劳作的手，

苦心经营的理想，

是艺术之心，

献给世界的文化信念。

瞬间的破碎，

绝不是梦。

存在即是真实，

懊悔意味着缺残，

完整才能永恒，

失误瞬间发生突变。

破碎——

是对生活不该有的纪念。

2004 年 4 月 11 日

西山卧牛

古城西山，
如一头卧牛默默横亘。
高低起伏的山梁，
就是牛的脊棱。

晨曦微明，
牛脊的轮廓刚刚显形，
登山的人们已像牛氓，
在牛的皱褶和脊梁上蠕动。

牛的肚腹，
只有斑斑驳驳干涩的毛丛。
裸露的牛脊，
任凭日晒、风吹、雨淋。

无数旅游鞋的底子，
在牛身上蹭起干皮一层层。
灰白的肋骨，
一条条愈来愈分明。

晨昏远眺，
我似乎听见了牛的呻吟。
山路纵横，
何时才能被草木掩隐。

旱山秋来旱闲人登山勤，
登高的足迹八达四通。

卧牛雄峻的脊梁，

会否被不绝的鞋底磨平。

2004 年 6 月 13 日

狼 与 野 牛

——看动物世界

一群野牛，

在茂草中反刍。

几只饿狼，

在周围徘徊。

野牛瞪着警惕的眼睛，

牛犊在母腹下安然吮奶。

野牛众志成城，

沉着默契地维持阵容。

狼无奈于庞大的队伍，

试图探寻老弱病残。

屡屡冲撞、扑击，

不懈地招惹挑衅。

牛群终于失去耐心，

护围着小牛，

开始蠢蠢跑动。

一头瘦弱的小牛，

很快被集体抛开。

群狼轻而易举，

扑倒猎物，

欢呼跳跃，

争先恐后，

凶残残张口撕扯。

……

狼们十分明白，

死守的堡垒不易攻破，

只要使群体松动起来，

结果必然是优胜劣败。

2004 年 4 月 14 日

"野"的诱惑

厌倦了车流涌塞的街道，

闷烦了拥挤的水泥鸽笼，

远足到田野上徜徉散心，

开车去原野随意驰骋。

感受脚下野草的厚软，

嗅闻眼前野花的芳馨。

追捕山野里奔蹿的野兔，

明月下围绕篝火野营，

采一把鲜嫩的野菜，

再把野果兜到怀中，

看野马在荒原上奔腾，

拍摄野牛集结的阵容，

想亲近沙渚的野鸭，

想见识野羊的身影。

……

"野"就是原始，就是本真，

"野"就是自由，就是任性。

野生，

象征着生命的旺盛；

野性，

意味着浪漫和抗争。

现代人类，

追求科学与文明。

也禁不住，

"野"的诱惑与招引。

卸去过多的包装吧，

也不要被"文明"围困。

少一些虚伪和矜持，

多几分坦率和简明。

让赤足与泥土亲近，

任须发去沐雨栉风。

西装革履者们的祖先，

原本就是野人。

2004 年 5 月 23 日

笑如流泉

处处，

被纯净的绿色陶醉。

时时，

被率真的笑声感染。

左顾，

有眯眼一笑、舒眉微笑。

右盼，

有启齿浅笑、掩口巧笑。

茶余，

有朗声大笑、引颈痴笑。

醉后，

有震瓦狂笑、涌泪欢笑。

……

看似平常的日子，

却点缀着多少笑声。

笑如花朵之绽开，

笑如琴瑟之共鸣，

笑如和风之拂面，

笑如流泉之淙淙。

笑脸随阳光而来，

笑意并话语而生，

笑之花开在眼眸里，

笑之叶展在嘴角上，

笑之光溢在眉宇间，

笑之根长在心田中。

烦恼的皱纹，

忧虑的眼神，

愤恨的牙齿，

痛苦的呻吟，

紧张的呼吸，

孤独的脚印，

都把笑声深深埋葬，

使周围的空气变得沉重。

歌如潮涌，不绝于耳，

却有太多的摹仿和流行。

笑声如泉，清新自然，

用不着粉饰和矫情。

只要拥有快乐之源，

必然笑口常开、神情生动。

2004 年 5 月 12 日

搓　麻　将

东西南北，

方位分明。

命运的游戏，

开始于位置的择定。

两眼专注，

双手不停，

嘻笑怒骂，

都是为了那座"金城"。

垒了又拆，

拆了又垒。

收拾残局稀里哗啦，

出兵对抗兵乓乒乒。

明争暗斗，
机关算尽，
合纵连横，
进退守攻。

耐心潜伏，
勇猛出阵，
反复遗憾，
反复竞争。

哪管他昏天黑地，
也情愿忘食废寝，
阵地上水火无情，
下场来笑语宽容。

成功者手中，
是机智和侥幸，
失利者脸上，
是无奈的轻松。

等待机遇，
东山再起，
不必厉兵秣马，
却要旗鼓重振。

2004 年 7 月 11 日

特 别 留 念

青海湖畔，
餐饮歌舞厅前。
两朵烂漫的"格桑花"，
构一道旅游的风景线。

满头细细的小辫，
黑里透红的脸蛋，
窄窄的紫彩藏袍，
晶莹的玛瑙项链。

如同发现"高原珍稀"，
女游客纷纷与她俩合影留念。
或者把小姐妹左右轻揽，
或者把自己的"宝贝"镶在中间。

一块钱的报酬，
两分钟的情缘，
频频微笑的聚散之间，
轻易地完成了一次次交换。

当游客朋友挥手"再见"，
姐妹花飞落到马路那边——
哦，妈妈抛着期待的目光，
遥望着蝴蝶在花间盘旋。

2004 年 8 月 16 日

铡刀、铧犁、茶罐、笔砚

——为父亲之纪念

想起了铡刀，

也想起了铧犁，

想起了茶罐，

也想起了酒具。

想起了砚台，

也想起了羊毫笔，

那是一位父亲，

风貌的凝聚。

傍晚的草房里，

充溢着干麦草的气息，

木墩铁铡嚓嚓有声，

鸣奏着斩钉截铁的乐曲。

双臂伸曲提压，

铡刀高低起落。

把冗长和纷乱，

统统铡成寸寸细碎。

那是父亲在聚集、整理、剪裁，

要骡马壮膘奋蹄，

也把干燥的光阴切碎，

以便细细地嚼咀。

秋阳普照的麦茬地，

黄牛往来甩尾喷鼻。

一声声扬鞭吆喝，

让铧犁解开僵硬的地衣。

泥土在脚下翻作波浪，

汗珠在额头闪着坚毅。

翻晒那深深的积蓄，

翻晒出日子的热力。

夏天的灶门冬日的火盆，

一只茶罐总要沸腾。

茶香在房内外飘散，

温馨了农家的每一个早晨。

用茶罐煎熬出四季的滋味，

用浓酽调剂寡淡和清贫。

把滚烫注入肠胃，

焕发成聚热抗寒的精神。

那是父亲的情趣，

水性和火性相依相融。

卸下繁忙劳苦的沉重，

疲惫的筋骨也该休闲舒松。

即便平日缺肉少菜，

温一壶酒也是最美的享用。

白瓷的酒壶白瓷的酒盅，

独酌对饮让苍黄泛出红晕。

用醇香滋润养家的艰涩，

用酒力体验守业的自信。

那也是父亲的情趣，

醉意朦胧中解忧释重。

喜庆佳节腊月年关，

檀桌铺红捋袖握管。

一方青石的砚台，

干了又湿湿了又干。

羊毫笔屡屡将墨汁饱蘸，

纵横婉转字如竹兰。

用平实基垫着品质，

借凝重凸现着风范。

用柔韧显示着耐力，

让疏朗透露出泰然。

用墨香挥洒文化经典，

让墨梅在农家门扉开遍。

2004 年农历 7 月 15 日

金银滩依旧，卓玛依旧？

卓玛伫立在金银滩，

纯洁的眸子望向天边。

身旁是依恋她的羊群，

手里握着细细的皮鞭，

那是王洛宾的卓玛，

永恒在西部的草原。

"在那遥远的地方，
有位好姑娘，
她那粉红的笑脸，
就像红太阳，
她那活泼动人的眼睛，
好像晚上明媚的月亮。"
……

一首为卓玛诞生的民歌，
从金银滩展开翅膀，
六十年经久不衰。
飞越黄河，飞越城乡，
飞遍青藏高原，
翱翔在西域北疆。

"卓玛" —— "美丽的仙女"，
藏族姑娘们共同的愿望，
从那遥远的地方，
从那曾经留恋的地方，
多少卓玛抛弃羊鞭，
打点起求学的行装，
多少卓玛脱下藏袍，
走向高楼和广场。

大学校园里，
卓玛们捧读文化经典。
歌厅舞台上，

卓玛们莺歌婉转、舞袖飞旋。

专注电脑前,

卓玛们随意上网聊天。

相聚餐饮城,

卓玛们的手机,

随时把亲朋召唤。

云还是那样白,

天还是那样蓝,

草还是那样绿,

水还是那样清浅。

金银滩上的卓玛,

依然草原为家牛羊为伴。

卓玛的鞭声里,

却甩出丝丝凄凉和幽怨。

2004 年 8 月 17 日

凝聚·爆发

台上,站稳脚跟,

俯身,抓紧杠铃,

提起,蹲下,

起立,挺举于胸,

已经有了一半成功,

目光中放射出坚定。

深深吸一口气,

猛然呐喊一声,

瞬间山摇地动，

杠铃已举过头顶，

收腿，两脚并立，

颤巍巍力敌千钧。

牙关咬紧，

双眼圆睁，

恰似怒目金刚。

叱咤风云，

举重女将，

仿佛登上珠穆朗玛峰。

多少年力的凝聚，

终于爆发成惊天的神功。

一个闪光的举动，

把世界级又一个高度锁定。

那是力的较量，

更是民族自信心的证明。

2004 年 8 月 29 日

拥　　抱

拥抱，

紧紧的拥抱，

撞击在一起的拥抱，

热泪滚滚的拥抱。

那不是，

恋人缠绵悱恻的拥抱，

也不是，

夫妻久别重逢的拥抱。

那不是，

母亲与孩子深情的拥抱，

也不是，

机场上彬彬有礼的拥抱。

那是比赛场上，

持续拼搏最终获胜，

情不自禁的拥抱，

热烈疯狂的拥抱。

战友和战友，

队员和教练，

像两股激流汇集到一起，

像两片云霞聚合相交。

你攀着我的肩，

我揽着你的腰，

紧靠着发热的身体，

澎湃的心一起狂喜地激跳。

热烈疯狂的拥抱，

情不自禁的拥抱，

用不着言语，

也无须目光，

只有一种感情——骄傲，

只有一种体验——自豪。

举世瞩目的较量，
开创历史的激战，
信念、意志、智慧、技能，
浇铸成必胜的利剑，
关怀、鼓励、掌声、欢呼，
交融成助战的鼓点。

风云变幻，雷鸣电闪，
激荡着万千起伏的心潮，
终于拼搏出一个成功的惊叹号，
攀上高峰的健腿，
跳跃出忘情的拥抱！

用山一样坚定的胸怀，
浪一样澎湃的热血，
拥抱出国旗的骄傲，
拥抱出民族的自豪！

2004 年 8 月 31 日

都 市 洪 流

没有源头，没有尽头，
滚滚不息，都市洪流，
流动的，
是一路路钢铁和橡胶；
奔驰的，

是一群群有头无尾的怪兽；

呻吟叠压着呻吟，

轰鸣回应着轰鸣，

喘息接连着喘息，

怒吼激发着怒吼。

气流冲击着每一片树叶，

车轮震动着每一棵草尖，

世界在声浪中颤抖，

神经在噪音中痉挛。

虽然夜晚流动的灯火，

装扮出都市迷人的项链，

被粉尘挟裹的匆匆光点，

却掩盖着凌乱的红紫灰蓝。

楼群鼓涨着都市洪流，

洪流浇灌着摩天大楼，

没有源头，没有尽头，

滚滚不息，都市洪流。

2004 年 9 月 14 日

青稞酒滋润 "花儿" 红

"五峰山散了湿云彩，

蓝天里闪出个虹来，

领上个花儿了登高来，

青山绿水地浪来。"

心底里荡起的浪花，

嗓门里流泄的凤鸣，

土族"花儿"带着酒乡的醇香，

追逐湟水碧空的行云。

小麦青稞酝酿着酒的精华，

大豆豌豆摇动着"花儿"的芳心，

油菜花照亮构思的眼睛，

沙果花青诱启着歌唱的红唇。

阿哥唱醒祁连山的雪峰，

尕妹让湟水的清波颤颤回音，

青稞酒滋润着"花儿"和少年，

透着三分醉意七分诗韵。

2004 年 9 月 12 日

放开喉咙歌唱一天

不要让沉默生锈，

不要让嗓音凋零，

放开喉咙，

歌唱一天。

让失修的声带，

痛快地震动。

把郁闷，

舒缓成旋律，

将焦虑，

化解为轻风。
倾吐生活的，
酸甜苦辣，
尽泄胸中的，
喜乐哀愤。

只听别人的歌声，
如同观赏天边的彩虹。
聆听自己的声音，
像在阳光风雨中前行。
把收敛已久的双翅张开，
搧动出生活的激情。

放开喉咙歌唱一天，
用肺腑倾吐语言。
荡涤嗓门的卑怯，
抖落舌尖的迟钝。
用旋律书写日子，
用歌声装饰光阴。
打开生活的门窗，
让音符点燃信心。

2004 年 9 月 29 日

谁　愿　意

谁愿意，
在你被人最爱的时候，
死去？

笑声正在你的唇边灿烂，

光泽在你的头发上闪熠。

谁愿意，

在你被人最爱的时候，

死去？

目光在明澈的眼睛里灼燃，

热吻不时印在你的两颐。

谁愿意，

在失去关爱的苍凉里，

活下去？

跻身人群依然孤独，

回归爱巢却满室冷寂。

谁愿意，

在失去关爱的苍凉里，

活下去？

直到爱既没有什么可要求，

也没有什么可给予。

2004 年 10 月 4 日

秋 叶 彩 蝶

几番秋雨秋风，

辉煌过后的白杨树叶，

纷纷告别枝头，

飘向渺茫的远方。

有的逐水远游，

有的去点缀草地，

有的依偎于泥土的怀抱，

有的在鞋底和车轮下死亡。

无处不有的白杨树啊，

你们把绿衣换作鲜黄，

联袂上演出，

高原最壮丽的景象。

南国的纯净秀丽，

北疆的雄浑狂放，

当完成了冬春夏秋的使命，

你们各自却隐失了去向。

那样绚烂和亮丽，

何不化作纷飞的彩蝶，

翩翩然于高空，

去追寻远方的春光。

那样丰富和纯洁，

何不在枝头哗啦啦燃烧，

再化作袅袅青烟，

游移到云的故乡。

2004 年 10 月 12 日

兰州花溪村晚餐

兰州活在黄河里，

醒在夜色中，

两岸紫槐，

轻摇着月光，

一路月季，

用余香呈献着嫣红。

灯在水里伸长五彩光柱，

迎送着车的游龙，

银冠般的白塔，

从岸上眺望比肩的楼群，

雁滩大桥像金色的腰带，

束住一河深沉的波涌，

"花溪村"栖息于河滨，

临窗可握手与温柔的晚风。

洗手轻品茗，

杯中绿茶纤细如针。

举盏漫饮酒，

"绅士风度"别有滋蕴。

满盘鸡鸭鱼肉，

终觉味同常寻，

意欲探寻兰州的情韵，

只见高槐古老雪松凌空。

一帧平凹书法，

却在眼前浮动，

"一等人忠臣孝子，

两件事读书耕田"，

咀嚼诗意，

酒味融合着人生至理，

呷摸名言，

书香飘满了花溪新村。

2004 年 11 月 6 日

橘　　颂

收割了的稻田，

像插上了满地的短刷，

清瘦的葡萄架，

刚刚卸下沉重的垂挂。

年富力强者，

挂一身累累硕实，

矮矮童树枝，

也把三五枚金果捧送。

后皇嘉树，绿叶素荣，

生南国兮，淑离不淫，

暮色里，烟雾中，

橘树点亮千万盏朦胧的灯。

湘西深秋把不懈的精神，

在漫坡的橘树上焕发，

北岭南峦遥相照应，

送沉甸甸的背篓回村。

2004 年 11 月 12 日

榕树公园一景

一只年轻的孔雀，

站在单脚架上发呆，

欲飞不能，

失足就要倒栽，

链条缚住了脚爪，

也束住了尾羽的光彩。

望着远处的湖水竹林，

孔雀一脸无奈，

无人与链条和禽鸟合影，

主人一脸悲哀，

巨大的榕树招引着百鸟，

最美的羽毛被囚禁在壮寨。

2004 年 11 月 15 日

火　车　上

那是一处热热闹闹的客厅，

咫尺相对，礼貌相容，

都是南来北往的客人。

那是一间自由自在的餐厅，
面包盒饭方便面，
吃也随意喝也任性。

那是排满床铺的卧室，
陌生男女和衣对眠，
可倾听彼此的鼾声。

那是一处可以分组的聊吧，
酸甜咸淡自选题，
直扯到灯熄人困。

那里有丰富的行李储存，
长长的货架，
箱囊们带着风尘杂陈。

那是一条了望的长廊，
任你观赏千万里远山，
扑面而来又纷纷后退的近景。

那是一个食品推销市场，
有人随时送货上门，
为你提供各种餐饮。

那是一间服装展厅，
时髦和流行，
近距离触及你的眼睛。

那里是神态和表情的汇总，

千人千面相互照映，

期待焦虑喜乐忧闷。

一个静中有动的空间，

一个角色众多的临时家庭，

狭小而又驳杂，

拥挤遵循着规程。

局限中又可自由，

已相识却又陌生，

相逢的面孔在新陈代谢，

上下的脚步间隔着流动。

有的在向往中奔赴，

有的在归程中反省，

有的在满足中舒松，

有的在憧憬中激动。

要想走出局促和狭隘，

放飞一副身心，

先得在蜗居世界里浸泡，

作一次耐心的蚕蛹。

2004 年 11 月 21 日

黄龙洞之游

钻进山的肚脐眼，

把山的腹腔脏腑探看，

阴水曲折为肠，

怪石铸成肝胆。

石柱作山的肋骨脊梁，
石褶层叠犹如胃囊空翻，
是谁的匠心神手，
魔力显示着荒诞。

公元一千九百八十年，
一个隐蔽了数万年的石窟，
终于被探索者的铁鞋觅见，
一隅神秘呈现在人类面前。

左边是"歌舞厅""龙丘田"，
右边是"天柱街""花果山"，
高处有"龙宫""深闺""戈壁滩"，
低处有"竹林""祥云""玉牡丹"。

才看罢"定海神针""雄鸡一唱"，
又瞧见"屈指一算八万年"，
千姿百态物物奇绝，
象形美名各得桂冠。

丰富、奥妙、内涵，
深邃、潮湿、阴暗，
灰色、沉重、危殆，
神异、恐怖、惊险。

是人的脚步，
撞活了一个已经停止的时间。
是灯的光明，

照亮了一个封闭的地下艺苑。

青灰披上了绚丽的衣衫，
浸骨的阴冷变得温暖，
流波被桨声划破，
脚步踩活了静谧的宫殿。

纵然是造化的经典，
"中华神奇洞府，
世界溶洞奇观"，
游客怎能对此留恋。

人不能总是沉浸于，
灯光制造的幻境，
洞外的空气和阳光，
才能使生命自由舒展。

2004 年 11 月 25 日

鞋　　垫

一切都结束了，
孀居的孤独、忧愁，
所有的痛苦和磨折，
凄凉中的慰藉、希望和无奈。

那一个人走了，
一个苍老了的姐姐，
一个衰弱了的母亲，
一辆跋涉了三十年的独轮车。

床头的低语忽然沉寂，
碗筷已冷落在灶台，
旧屋空锁了尘埃，
门口遗留着悲哀。

脱了孝服的依然在走路，
换洗皮鞋里的衬垫，
会否换洗掉，
衬垫上的那一份深爱。

一双双鞋垫上，
细密地扎着绵长的关怀，
不论走到天南海北，
但愿脚底平稳，脚步轻快。

那一个人走了，
一双手永远停止了剪裁，
她在鞋垫上书写了，
蛛网般的牵扯。

蜡炬已经成灰，
田园已失桑槐，
她耗尽了一个，
善良女性的光和热。

那是一个苍老了的姐姐，
一个衰弱了的母亲，
一辆辛苦跋涉了，
三十年的独轮车。

2004 年 11 月 28 日

冬　至

又数到了，
日子的连环中最短的一天，
金乌敛翼，白驹过隙，
一个日夜悄然逝于瞬间。

想牵住冬日的衣带，
把黄昏的脚步延缓，
纵然不能留住青春容颜，
也想让秋树经受住风寒。

谁不想，
把墓地聒鸦远远驱赶，
耳闻丧钟，
也要心地坦然。

放下那些，
忧郁、伤害和恨怨，
热忱培植，
温情、友爱和良善。

当我们活得累的时候，
不妨清点手中的名片，
记住哪些人，
援解过自己的困难。

回想哪些人，
在我们痛苦时曾给予安慰。

再把所有的，

淡漠、虚假和势利抛远。

度过了冬至，

也莫忽略了夏至，

那是一年中，

时光最长的一天。

春夏秋冬二十四个节气，

人的双手握着日子，

可以把时间拉长，

也可以把光阴缩短。

2004 年 12 月 21 日

2005 年新年音乐会

在琴弦上流淌，

从笛孔里飞扬，

在鼓槌下跳荡，

自铜管里舒畅，

一台交响乐曲，

激活了多少，

淡漠了旋律的情商。

奏响豪壮的"红旗颂"，

让"高原的节日"飘散出，

沁人肺腑的奶香，

俄国典雅的"大圆舞曲"，

游翔到奥地利的"天堂",

卷着风尘呼啸而过,

《轻骑兵》蹄声铿锵。

悠远的《蓝花花》从陕北走来,

男引女随,倾诉衷肠,

《阿莱城的姑娘》热情奔放,

越向朝鲜《我可爱的家乡》,

关峡浇铸出《激情燃烧的岁月》,

与斯特劳斯携手,

使《雷鸣电闪》,

震撼海域山疆,

弓弦在轻柔地舞蹈,

管笛在间歇着鸣唱,

鼓钹时而雷霆滚滚,

时而平风静浪,

只有指挥棒,

始终意气奋发,斗志高昂,

抑扬顿挫,起伏跌宕,

统领着所有的目光。

鲜花簇拥着燕尾服,

掌声激励着指挥棒,

在十二月的严寒中,

翻涌出阵阵春浪,

在没有图画的灯光下,

协奏出中外旋律的辉煌。

2004 年 12 月 29 日

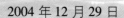

呼吸元旦的清新

马路上的雪，
被碾成破碎的毡片，
昨日的车辙已经冰冻，
寒气中颤动着钟声的余音。

车们披着一身凛冽，
油箱里加进十足的信心，
人们也披着一身凛冽，
触摸新一轮阳光的薄嫩。

踏上各自的轨道开始运行，
何必把口罩捂得那么严紧，
该吐出肺腑间所有的陈腐，
深深地呼吸元旦的清新。

2005 年 1 月 1 日

茶 与 开 水

世界已泛滥成，
酒海茶洋，
名茶熙熙攘攘，
在餐桌上媲美竞芳。

只想日日多喝几杯开水，
把肠胃的茶锈不断涤荡，

也让开水清除油腻污垢，

使拥挤的肺腑明净洁爽。

先乐于开水的清淡，

再用心品尝茶香，

让白开水滤过身体，

带走堆积的恩怨忧伤。

2005 年 1 月 10 日

金色的非洲

广袤的炎热，

催开暴雨的袋口。

万盆倾泻，

把干渴的草原浇透。

雨阵尾声滴滴，

在大象的垂耳上鸣奏。

雾气蒸出浩荡的朦胧，

骄阳又把雾群赶走。

埋伏已久的乱云，

从天边一跃而起。

一路奔跑，

在树梢上翻着跟头。

夕阳举起火炬，

把莽原点燃成金秋。

狮耳、虎须、羚蹄，

火红中镶上透亮的边绣。

野牛长鬃飘拂，
黑色的火焰闪着紫光抖擞。
猎豹浑身金钱，
蹿成一叶叶绿海飞舟。

金色的非洲，
生长着最原始的自由。
一切生命的眸子里，
转动着活的地球。

2005 年 1 月 25 日

门 锁 门 开

锁门，下楼，
脚步声带走了，
家里的最后一个人，
宁静开始守卫居室，
早餐的气息，
打扫昨晚的沉闷。

阳光从窗户里进来采访，
抚摸着沙发、茶几、桌凳，
把它们的兄弟姐妹一一问询，
又久久停留在花盆，
激发她们的芳馨，
打开的书本散发着墨香，

期待着手指再次光临。

暗锁窸窣旋动，
再访温馨的宁静，
亲切归来相逢，
熟悉的一切心心照应，
门锁，走出了一天新的希望，
门开，带回来收获和轻松。

2005 年 1 月 21 日

鞭　炮

满腔英雄肝胆，
一身壮烈红妆。
紧密排列，
如九曲柔肠；
随时准备，
用生命来一曲绝唱。

纸芯一旦点燃，
声响震荡四方；
用极速全力蹦跳，
爆发一股火药的馨香。
撒一把耀眼的红屑，
又弥散蓝烟的芬芳。

把喜庆报告给世界，
用激情显示兴旺。

惊心动魄的瞬间，

展现无畏的辉煌。

哪怕粉身碎骨，

甘愿把凯歌奏响！

2009 年 4 月 20 日

城市乌鸦

晨光，

褪去了黎明的衣衾。

聒噪，

把一双双睡眼扰醒。

如同一把把黑色的芝麻，

撒向清新的天空。

那是城市乌鸦，

向远处纷飞的乱影。

公园的鸟笼，

传递着忧郁的鸣声。

可怜美丽的羽毛，

被判终身监禁。

而那些，

野性的黑色生灵。

却一度充斥，

古城明朗的高空。

暮色四合之际，

它们悄然返落。

马路边长长的电线，

被它们肆意侵占。

一夜之间，

人行道被污秽玷污。

"飞禽"的名誉，

给予它们栖居的特权。

翅膀的活力，

给予它们集散的轻便。

然而龌龊和恶习，

处处令人类生厌。

有些活物的存在，

即使乱草般生机盎然，

多余的兴盛，

却是世界的灾难。

2014 年 12 月 13 日

拉脊山秋韵

褐红的山冈，

又被夕阳镀金。

山坡似片片落霞，

与黄的秋林映衬。

白杨身姿参差，

炫耀着靓丽的衣裙。

斑驳的灌丛，

把矜持的白杨簇拥。

饱腹的羊儿一身臃肿，
在林间缓缓移行。
牧羊人脚步蹒跚，
只把鞭儿轻轻摇动。

2015 年 10 月 10 日

皱　纹

岁月，在记忆中，
不息地流淌，
皱纹，在睡梦中，
悄悄地生长。

鱼尾纹，
首先爬上眼角，
抬头纹，
再横卧在额头上。

两条苦纹，
贯通鼻翼和唇旁，
颐纹的孤线，
又向两颊扩张。

如同素描的线条，
复加出春秋的络网，
又似纵横的枝干，
迭印出冬夏的风霜。

雕刀公平而无情,

把青春的光洁蚀伤,

红润的饱满,

会变成核桃的模样。

纵然花容月貌,

也无一幸免,

哪怕冰肌玉肤,

也难以抵抗。

然而生命,

在皱纹中丰富、延长,

最终凝固成,

自己独一无二的形象。

2015 年 10 月 15 日

柏拉图的故事

何谓爱情? 何谓婚姻?

柏拉图讲的故事,

让人反省。

去寻找黄金麦穗的人,

穿过大片麦田,

归来却两手空空。

去寻找茂盛大树的人,

左右挑选看中一棵,

砍回来却普普通通。

如今还要有多少人，

在麦田中四处穿行，

在森林中觅觅寻寻。

他们找不到最好的麦穗，

也砍不了最高的油松，

因为奢望，

迷惑了他们的眼睛。

2015 年 10 月 25 日

希望、失望和绝望

生活，

是永恒的土壤，

不断萌生着希望，

也孕育着失望；

而绝望，

也在失望中潜滋暗长。

只要希望之树，

欣欣向荣，

活着就会，

充满力量；

失望的阴影，

令人时常沮丧；

绝望如同冰霜，

让你的热血不再流淌。

只有当某种爱的阳光，

照进心底，

从绝望的死灰中，

才会长出新的希望。

2015 年 10 月 26 日

白酒，红酒

白酒和红酒，

时常见面。

红酒仰慕白酒，

清冽如泉，

听人们赞美它，

富于魅力的内涵。

白酒欣赏红酒，

玫瑰般的美艳，

听人们赞美它，

醉人的酸甜和绵软。

白酒与红酒，

有时也轻轻碰撞，

让杯中微澜，

把醇香荡散。

白酒、红酒，

从来互不浸染，

它们明白，

不适宜的融合，

只会导致，

性格的异变。

2015 年 10 月 27 日

红 枸 杞

桌上的茶杯里，

浸泡着，

桂圆、决明子、

白菊花和红枸杞。

也许，

黑枸杞、蓝枸杞，

更受宠于，

它们品种的珍稀。

我依然，

钟情于那些，

红色的颗粒，

那是枸杞家族的根基。

当严寒，

退出高原盆地，

当雨雪，

催生出万顷绿意，

枸杞们苏醒、勃发，

承受烈日、栉风沐雨，

日夜积蓄体内的张力，

让果实繁密、丰腴。

看西部最美的，

诗情画意，

原来是，

红枸杞的丰厚壮丽！

啜饮红枸杞茶水，

体味种子与土地；

感受阳光与雪水，

成为血液的凝聚！

2015 年 10 月 29 日

泪　水

如果说，

笑靥如花，

也可说，

泪容如带雨之葩。

没有笑，

可能冷峻如铁，

没有泪水，

也许冷硬如岩崖。

不论，

热泪盈眶，泪如泉涌，

还是，

泪雨倾盆，老泪纵横。

心弦动处，

必然泪水滚滚，

世间，

有多少动人之事，

有多少感人之情。

生活，

让人声欢语笑，

也使人泪不自禁。

辛酸，促生悲伤，

遗憾，伴随悔恨，

喜悦，挽手兴奋，

自豪，偕带激动，

欢笑，绽开于幸福之蕾，

热泪，萌生于悲喜之根，

笑声和着泪水，

才是最美的情韵。

2015 年 10 月 30 日

倾 听 心 声

宁静中，

思考使你的呼吸均匀，

那是在，

倾听自己的声音。

心的田地上，

花木和杂草并生，

心的天空中，

阳光与乌云抗争。

乘一叶独处之舟，

远离纷乱和躁动，

握一把思考之剑，

劈开危言和谬论。

读一本好书，

与作家们娓娓交心。

写一段真话，

与自己的内心沟通。

在共鸣中，

认识别人，

在倾听中，

鉴定自身。

2015 年 11 月 2 日

郁　金　香

五月春深，万绿竞浓，

郁金香含笑昂首，

炫耀出一道芳园彩虹，

装点出花卉世界的极盛。

种子入土，

你选择了傲雪的初冬，

发芽萌叶，

你必然在轻寒的早春。

大地封冻，

高原雪蝶纷纷，

你悄悄孕育着，

耐寒的生命，

一旦破土而出，

你便昂然挺身。

擎起心形的花苞，
炫示热烈和纯真。

你乐于齐集如林，
也不悲茕茕独身。
群芳笑于丛中，
孤朵也可自矜。

哪怕红颜凋零，
芳华一季度尽，
你在褪色的寂寞中，
依然玉立亭亭。

2015 年 11 月 5 日

保　龄　球

带着祝愿，
把它擎起，
双手举过头顶，
抛入笔直的轨径。
目光追随着它，
轻快的滚动，
屏息紧盯着，
终端的靶瓶。

哗啷啷一声，
球撞瓶倾，
"全军覆没！"，

击掌欢呼一举成功！

然而有时，
它左右偏离，
与目标擦肩而过，
使希望落空！

或许击中，
一二三五，
"再来一次！"
让你少一点沮丧憾恨。

若不甘心失败，
请重新开局，
挑战自我，
就得再试输赢！

姿势、力量、速度，
无不暗含动因。
其实方向决定命运，
而命运，
就在自己手中！

2015 年 11 月 7 日

检点光阴

身后的路，
越来越长，
眼前的路，

愈来愈短，
频频回首，
把光阴检点。

自从踏上，
人生的起点，
一路追寻、收获，
一路修改、增删，
路途时陡时缓，
脚印有深有浅。

多少夏热秋凉，
多少春暖冬寒，
用意志咀嚼岁月，
用信心消化艰难，
看世界繁华无限，
内心却渐渐淡然。

记忆昔往，
难免回顾逝去的波澜，
不必留恋，
曾经春意盎然的彼岸，
爱心不老，
再把自己的秋景渲染。

2015 年 11 月 8 日

枕　头

夜色淹没了黄昏，
市景幻化为一片星空，
时钟催你上床，
把疲劳的身躯放松。

头颅亲切地吻枕，
鼻息渐平渐匀，
枕头情意殷殷，
为你酿造梦境。

也许，你一夜美梦，
也许，你连连噩梦，
枕头让你在虚幻中，
度过另一种人生。

你或从昏沉中清醒，
或从兴奋中冷静，
或从幸福中回味，
或从痛苦中反省。

梦境使你惊喜、幸运，
抑或慌惑、惊悚，
生活让你负重前行，
你不能一夜无枕。

2015 年 11 月 9 日

农家 "破布衫" ❶

农家茶园休闲，

一杯 "熬茶" 在先。

"狗浇尿" ❷ 酥薄喷香，

"背口袋" ❸ 馅嫩皮软。

常回味可口茶饭，

最美乡土的 "破布衫"。

土豆、葱花、青稞面，

一碟酸菜陪伴。

面形残缺，面质粗散，

肉片衬托着 "布衫"。

那是湟水农家的味道，

原始厨艺的真传。

见惯了鸡鸭鱼肉，

尝遍了山珍海鲜。

舌尖喜欢返朴归真，

因为美的滋味在于简单。

2015 年 11 月 11 日

---

❶ 破布衫：是一种带汤的青稞面手擀面食。因面片形状不规则恰似破布而得名。

❷ 狗浇尿：是指以动词命名的食品。它是用开水把白面粉烫熟后烙成的油饼，因滴油少许且分几次进行犹如狗尿尿而得名。

❸ 背口袋：以动词命名的食品。做法是在温水中搅拌荨麻草叶子沫、青稞面（或豆面）和佐料使其成为糊糊状，然后卷入用小麦面烙就的薄饼内，卷成圆筒状食用。因形状像农民所背的粮食口袋而得名。

久 违 了

久违了，
胡麻花的蓝，
荞麦花的红，
豌豆花的白雪青。

久违了，
春水池的蛙鸣，
夏天磨渠的水声，
屋檐下蜂巢的嗡嗡。

久违了，
镰刀、木锨、皮绳，
辘轳、木桶和水井，
还有寒冬的火盆。

再难见，
盛夏滚动的麦浪，
场上高高的麦摞，
黄昏扬场的好风。

想触摸，
八棱的碌碡，
新鲜的粮堆，
手边却只有袋装的面粉。

想拉动风箱，
往灶洞里添一把羊粪，

哪里去寻，
干麦草和烧光棍。

丢不掉，
喝酩馏的瓷酒盅，
进进出出的木大门，
庄廓墙上的土烟囱。

黄河岸边，
夏风中黄熟的麦垄，
耳畔难闻，
镰刀割麦的嚓嚓声。

梨树枝头，
喳喳的喜鹊，
报告十月秋深，
召唤摘果的人们。

栖居楼群，
看见庄稼格外亲，
难弃田园，追寻山林，
心底里依然是农民的根。

2015 年 11 月 12 日

梦想与绝望

我辛勤地，
播种梦想，
收获的，

却是绝望！

我的心，

疲劳不堪，

我的神经，

屡屡受创。

想吞一把药片，

把痛苦遗忘，

一觉醒来，

烦恼还在枕上。

2015 年 11 月 13 日

对人如对镜

看见了别人，

你就看见了自身。

他对你微笑，

你也有了笑容。

当他怒目圆睁，

你必然怒气冲冲，

听到他的歌声，

你的心弦同时拨动。

看到他的皱纹，

你知道自己也不年轻，

当你审视别人，

其实窥察了自己的心灵。

2015 年 11 月 13 日

奶　茶

茶壶，

在火炉上，

欢快地呻吟。

茶水，

用袅袅蒸汽，

把清香传送。

纯情的牛奶，

一下子投进，

茶壶的怀中。

水乳即刻交融，

你我不分，

把热烈变为沉静。

在温暖中，

它们相互渗透，

酝酿结合后的提升，

待茶叶重新低吟，

它们献给人们，

别样的香浓。

2015 年 11 月 14 日

筷子与刀叉

筷子，

坚守着中餐，

忠贞不渝。

刀叉，

钟情于西餐，

无法分离。

假如他们，

错误地搭配，

难免荒唐和滑稽。

有时候，

巧妙的嫁接，

会创造奇迹；

有时候，

蹩脚的融合，

只会产生怪异。

2015 年 11 月 17 日

得　与　失

失去了，

夕阳下的晚霞，

得到了，

夜空的月华。

失去了，
深秋绚烂的霜叶，
得到了，
漫天飘洒的雪花。
失去了，
蓬勃劲拔的青春，
拥有了，
历经沧桑的华发。

失去了，
昨夜未竟的美梦，
得到了，
今日构画生活的启发。

失去友情，
可以待机再植，
伴侣永别，
只能梦逢天涯。

失去珍品，
也许失而复得，
机缘难再，
生命何能复加。

2015 年 11 月 22 日

握　手

两手相握，
四目相视，
伴随着问候，
是触觉的交流。

手上有凉风，
也有暖流，
有夏的热度，
也有冬的气候。

不论厚重沉实，
还是轻薄细瘦，
不论粗壮强硬，
还是绵软温柔，
只要十指相交，
便可一叶知秋。

如果你的目光，
把关注和热忱暗送，
只要有一只手，
与你紧紧相扣，
无需多言，
相互的慰藉已经足够。

2015 年 11 月 23 日

愁　绪

一怀愁绪，
盘踞心间，
即使好茶咖啡美酒，
也难以驱赶。

飘带般的路，
把班车向远方引牵，
一路山水，
使目光曲折蜿蜒。

一怀愁绪，
又被目光牵连，
时而峡谷豁朗，
时而云遮雾拦。

双眼已经疲倦，
愁绪却无意收敛，
恨不能把它冻结，
融化在来年的春天。

2015 年 12 月 2 日

火　盆

热炕、茶罐、火盆，
曾经的农家冬景，

如年画一般温馨。

毡毯炕头，
木炭黑里透红，
卧燃在火盆的怀中。

火星劈啪，
淡烟袅袅婷婷，
炭香让茶香更浓。

那是母亲，
用梨木疙瘩，
从炕洞里煨出的乌金。

窗外雪花漫舞，
客厅字画凝墨，
映照手制的宫灯。

度过百年光阴，
老宅素貌安然，
默默守望着子孙。

然而炉火再旺，
何处去追寻，
火盆的古韵。

2015 年 12 月 3 日

耳　朵

她是一面精致的鼓，
也是一架灵巧的琴，
被语言之锤常敲，
让音乐之手时弄。

有时她善于捕捉，
有时她善于共鸣，
叹世界纷纷扰扰，
她无法拒绝噪音。

尽管她心地善良，
性格柔韧深沉，
意外和灾祸，
或酿成聩聋的不幸。

纷乱的强音，
常使她麻木，
泛滥的音频，
又使她疲困，
盼世界万籁轻声，
让耳根多一份清静。

2016 年 2 月 8 日

菜　刀

冷面相对，残酷无情，
是他天生的本性。
终生与砧板为伴，
肢解着生命和无生命。

切割是他的职责，
粉碎是他的使命。
带着坚韧和锋利，
他才能速战速成。

他无视锋刃下的辗转，
也麻木于砧板上的呻吟。
只为了让那些原生态，
在火的洗礼中华丽转身！

2016 年 3 月 20 日

酒壶与酒杯

四只酒杯，
依偎着他们的酒壶，
一把酒壶，
关照着他的酒杯。

像鸟雀父母，
哺育着一窝黄嘴，

像一位先生，

教诲着身边的子弟。

每一次倾出，

都清香四溢，

每一次吐纳，

都令人陶醉。

当酒壶肚腹丰盈，

酒杯尽享爱的恩惠，

当壶内渐渐干涸，

酒杯只是怀念，无怨无悔。

2016 年 3 月 24 日

把赞颂赠予梨树

梨花，

已经拥有，

太多的赞美之词。

而梨树，

被关注的目光，

寥寥无几。

若让眼睛，

先审视梨树之外衣，

鳞甲厚实，裂痕有致。

再俯察梨树的根基，

树墩纹理层层，

如浅红的涟漪。

看梨花的绚烂，

何能几经风雨，

因为轻薄，所以飘逝。

触摸百年梨躯，

含多少泥土的滋育，

有多少时光的凝聚。

即使力竭身枯，

也愿焚烧自己，化为木炭，

为人们二次捐躯。

2016 年 4 月 28 日

最 美 是 肩

最美风中劲竹，

雪中苍松，

云中鹰翼，

雨中梧桐。

最美健男背影，

猿臂狼腰，

肩梁方正，

有如山之平顶。

最美肋如箍桶，

脊作桥柱，

汗水百般洗炼，

力能担承千钧。

2016 年 5 月 26 日

领 带

领带们，

躺在盒子里，

已经很久很久。

紫红、米黄、雪青，

淡蓝、深绿、银灰，

或印花，或刺绣。

曾经的他们，

常常与白衬衣挽手，

色彩亮丽地出游。

如今的他们，

在冷遇中纳闷——

莫非我们也将退休？

2016 年 6 月 2 日